DAS NEUE BACK VERGNÜGEN

MARTINA KITTLER | CORNELIA SCHINHARL
CHRISTA SCHMEDES | NICO STANITZOK

DAS NEUE BACKVERGNÜGEN

FOTOS: BARBARA BONISOLLI
ILLUSTRATIONEN: JULIA HOLLWECK

DIE GU-QUALITÄTS-GARANTIE

Wir möchten Ihnen mit den Informationen und Anregungen in diesem Buch das Leben erleichtern und Sie inspirieren, Neues auszuprobieren. Bei jedem unserer Bücher achten wir auf Aktualität und stellen höchste Ansprüche an Inhalt, Optik und Ausstattung. Alle Rezepte und Informationen werden von unseren Autoren gewissenhaft erstellt und von unseren Redakteuren sorgfältig ausgewählt und mehrfach geprüft. Deshalb bieten wir Ihnen eine 100 %ige Qualitätsgarantie.

Darauf können Sie sich verlassen:
Wir legen Wert darauf, dass unsere Kochbücher zuverlässig und inspirierend zugleich sind.
Wir garantieren:

- dreifach getestete Rezepte
- sicheres Gelingen durch Schritt-für-Schritt-Anleitungen und viele nützliche Tipps
- eine authentische Rezept-Fotografie

Wir möchten für Sie immer besser werden:
Sollten wir mit diesem Buch Ihre Erwartungen nicht erfüllen, lassen Sie es uns bitte wissen! Wir tauschen Ihr Buch jederzeit gegen ein gleichwertiges zum gleichen oder ähnlichen Thema um. Nehmen Sie einfach Kontakt zu unserem Leserservice auf. Die Kontaktdaten unseres Leserservice finden Sie am Ende dieses Buches.

GRÄFE UND UNZER VERLAG
Der erste Ratgeberverlag – seit 1722.

KV

Rühren, ab in die Form und backen – schon steht im Handumdrehen ein herrlich duftender Kuchen auf dem Tisch. Marmorkuchen, Käsekuchen und Gugelhupf schmecken jeden Tag, das ganze Jahr.

Ob mit Schokolade, Streuseln oder Frucht – diese Kuchen vom Blech sind genau richtig, wenn viele Kuchenhungrige am Tisch sitzen. Stück für Stück ein Genuss!

Schnecke, Muffin & Co. sind superpraktisch zum Mitbringen und Mitnehmen – die kann man nämlich ohne Gabel ganz nebenbei verknuspern! Kein Wunder, dass sie ratzfatz weggenascht sind ...

Bei Sahne und Buttercreme, Trüffelfüllung und Schokoglasur dürfen Sie zeigen was in Ihnen steckt. So zart und cremig – das sind echte Traumtorten!

136

Feines FESTTAGS-gebäck

Ob Weihnachten, Ostern oder Geburtstag – für Gäste und Feste darf es ruhig etwas Besonderes sein. Überraschen Sie Ihre Lieben zu jedem Anlass mit festlich dekoriertem Gebäck!

176

Brötchen & BROT frisch vom Blech

Zarte Krume und knusprige Kruste – selbst gemacht schmecken Frühstückssemmeln und Körnerbrot gleich doppelt so gut. Also nichts wie ran und flott losgeknetet!

198

Pizza, QUICHE & pikante Snacks

Heute mal Lust auf was Herzhaftes? Wie wäre es mit pikanten Kuchen, herzhaften Waffeln oder Pizzaschnecken? Das perfekte Abendessen – aber auch auf Partys heiß begehrt!

Martina Kittler

Cornelia Schinharl

Christa Schmedes

Nico Stanitzok

WIE DAS DUFTET!

Wie von Zauberhand verbreitet sich Wohlgefühl und die Vorfreude wächst. Feiner Teig ist im Backofen – natürlich selbst gemacht.

Essen Sie auch so gerne Kuchen, Torten und Plätzchen? Lieben Sie selbst gebackenes Brot und pikantes Gebäck? Können Sie fast nicht genug kriegen von dem feinen Duft nach frisch Gebackenem, der durch die ganze Wohnung zieht, sobald der Teig im Backofen ist? Dann gönnen Sie sich diesen himmlischen Genuss ab jetzt doch einfach häufiger!

GELINGSICHERE REZEPTE

Teig selbst kneten, Butter cremig rühren oder Eischnee schlagen? Duftende Schokoladenkuvertüre im Wasserbad schmelzen und eine zuckersüße Kuchenglasur von Hand rühren? Das ist genau Ihr Ding? Wunderbar, dann sind Sie genauso begeistert vom Backen wie wir. Wir sagen also: willkommen im Club. Wer hat schon Lust auf fertige Backmischungen? Es ist doch viel erfüllender einen Kuchen selbst zu rühren und dann darauf zu warten, bis er appetitlich gebräunt und duftend wieder aus dem Ofen kommt.
Die erfahrenen Bäckerinnen **Martina Kittler** und **Christa Schmedes** verwöhnen Sie mit den besten Torten und festlichem Gebäck für Weihnachten, Ostern und viele andere Anlässe zum Feiern. Die Klassiker und alle Kuchen, die den Alltag versüßen, hat **Cornelia Schinharl** mit viel Herzblut für Sie gebacken. Und um Blechkuchen, kleine süße Teilchen, Brot, Brötchen und pikantes Gebäck kümmert sich der Backprofi **Nico Stanitzok**. Von ihm erfahren Sie auch, wie die wichtigsten Grundteige zubereitet werden.
Blättern Sie doch einfach ganz in Ruhe in diesem Buch und suchen Sie sich ein Rezept aus. Dann kann es auch schon losgehen. Wir wünschen Ihnen viel Spaß dabei und vor allem eine Menge Genuss!

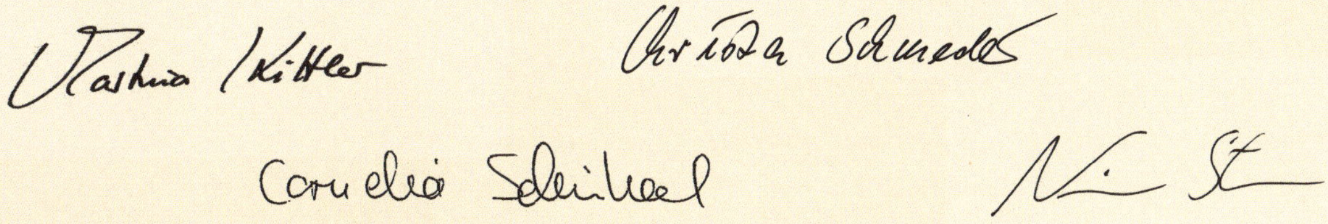

BACKEN MIT VERGNÜGEN

Wiegen, rühren, backen und mehr. Mit den passenden Backhelfern gelingt das spielend – und das Backen wird zum echten Vergnügen.

WAAGE UND WIEGEN

Von Kochrezepten kennt man oft etwas ungenaue Angaben. Was aber beim Kochen keine Rolle spielt, funktioniert beim Backen gar nicht. Halten Sie sich an die Angaben im Rezept und wiegen Sie genau ab, dann erleben Sie keine böse Überraschung. Verwenden Sie am besten eine digitale Waage, bei der sich das Ergebnis exakt ablesen lässt.

BLITZHACKER

Ein Blitzhacker wird beim Backen recht häufig benötigt, um zum Beispiel Nüsse oder Mandeln zu hacken oder zu mahlen. Aber auch Kuvertüre und Trockenfrüchte lassen sich damit unkompliziert zerkleinern.

HANDRÜHRGERÄT

Das gibt es bereits für wenige Euro im Elektrofachmarkt. Damit rühren Sie jeden Teig mit Leichtigkeit bis zur gewünschten Konsistenz, auch das Aufschlagen von Eischnee und Sahne gelingt mühelos. Mit den beigepackten Knethaken lassen sich schwere Teige und Hefeteige perfekt verkneten.

KÜCHENMASCHINE

Wer oft und gerne bäckt, für den lohnt sich die Anschaffung einer Küchenmaschine. Gerade Teige, die lange geknetet oder Massen, die lange luftig aufgeschlagen werden müssen, gelingen in der Küchenmaschine hervorragend. Vor dem Kauf überlegen: Welches Zubehör (z. B. Knethaken, Zitruspresse oder Fleischwolf-Aufsatz) brauche ich wirklich? Wie viel Kilogramm Teig soll die Maschine kneten können (wichtig für schwere Brot- und Stollenteige)? Und wo bringe ich das Gerät in der Küche unter?

RÜHRSCHÜSSELN

Um all die leckeren Teige zuzubereiten, braucht man natürlich eine Rührschüssel. Ein Modell mit ca. 4 l Fassungsvermögen ist dabei ideal. In dieser weiten Schüssel lassen sich alle Zutaten gut verrühren, ohne dabei herauszufliegen. Da man für Gebäck oft mehrere Komponenten – wie z. B. geschlagenes Eiweiß – benötigt, lohnt sich die Anschaffung mehrerer Rührschüsseln und hoher Rührbecher in verschiedenen Größen. So lassen sich alle Arbeitsgänge zügig erledigen, ohne zwischendurch eine Schüssel abwaschen zu müssen.

TEIGSCHABER UND -KARTE

Manch unscheinbare Küchenhelfer erleichtern die Arbeit ungemein. Mit einem guten Teigschaber – vorzugsweise mit Gummilippe – lässt sich jeder Teig problemlos vom Schüsselrand und Boden lösen. Um alle Zutaten restlos aus den Rührschüsseln und Bechern zu bekommen, ist er unverzichtbar. Wer schon mal versucht hat, mit einem Esslöffel den Eischnee aus dem Rührbecher zu nehmen und dann noch ordentlich unter den Teig zu heben, der wird mit einem professionellen Teigschaber ein wahres Backwunder erleben. Eine Teigkarte aus Plastik passt sich mit ihrer halbrunden Form jeder Rührschüssel optimal an, sodass man damit hervorragend Hefeteige aus der Schüssel lösen kann.

Die gerade Kante ist ideal, um die Arbeitsfläche von angetrockneten Teigresten zu befreien. Außerdem kann man mit der Kante Teige gut in Portionen teilen.

BACKFORMEN UND BACKPAPIER

Ohne die richtige Backform geht es nicht. Welche Backform und welche Größe Sie benötigen, ist jeweils im Rezept angegeben. Halten Sie sich daran, denn Teigmenge, Backzeit und Ofentemperatur ergeben in Kombination mit der richtigen Backform das perfekte Ergebnis. Ist die Backform zu groß, wird z. B. Biskuit zu flach und dadurch fest und trocken. Ist die Backform zu klein, kann der Teig überquellen und in den Backraum des Ofens fließen. Das qualmt nicht nur ordentlich, sondern lässt sich auch nur sehr schwer wieder reinigen.
Verwenden Sie wann immer es geht Backpapier. Eine gefettete Backform verhindert das Festbacken schon ganz gut, aber lange nicht so gut wie Backpapier. Weiterer Vorteil: Backform oder Backblech bleiben weitestgehend sauber.

TEIGROLLE

Sie wird nicht nur gebraucht, um Teige auf Arbeitsfläche oder Backblech gleichmäßig dick auszurollen. Auch zum Zerkleinern von Keksen für Bröselboden ist sie ein wertvoller Helfer. Die Kekse dafür in einen Gefrierbeutel füllen und verschließen. Dann mit der Teigrolle darüberrollen und die Kekse damit zerdrücken, bis sie fein zerkleinert sind.

HÜLSENFRÜCHTE

Mürbeteigböden für Tartes und Pies mit Früchten oder dünnflüssige Füllungen müssen vor dem Belegen vorgebacken werden. Dadurch bleibt der Boden knusprig und die Füllung weicht ihn nicht durch. Man nennt das Blindbacken. Unverzichtbar dafür sind getrocknete Hülsenfrüchte oder Backkugeln aus Edelstahl oder Keramik. Den Mürbeteig in der Form mit Backpapier belegen und Hülsenfrüchte oder Backkugeln darauf verteilen. Den Boden ca. 10 Minuten backen. Hülsenfrüchte bzw. Backkugeln und Backpapier wieder entfernen und den Boden je nach Rezept belegen oder füllen und den Kuchen fertig backen.

BACKOFEN

Alle Kuchen in diesem Buch werden mit Ober-/Unterhitze gebacken. Wer mit Umluft backen will, muss die Ofentemperatur um etwa 20° verringern und kann meist auf die Vorheizzeit verzichten.
Ganz wichtig für das Gelingen des Gebäcks: Beachten Sie unbedingt die im Rezept angegebene Einschubhöhe für Blech oder Backform. So wird das Gebäck schön goldbraun und gleichmäßig gar, ohne von oben oder unten zu verbrennen.

SPRITZBEUTEL

Um Torten und Kuchen mit Sahne- und Cremetupfen zu verzieren, ist der Spritzbeutel unverzichtbar. Welche Spritztülle benötigt wird, ist jeweils im Rezept angegeben.

SO GELINGT'S GARANTIERT

Ein paar Techniken und Handgriffe erleichtern Ihnen die Arbeit ungemein. So kommt nach all dem Rühren oder Kneten der perfekte Kuchen aus dem Backofen.

TEIGE RUHEN LASSEN

Mürbeteig ruht in Frischhaltefolie verpackt im Kühlschrank, Strudelteig in Butterbrotpapier bei Raumtemperatur und Hefeteig muss noch aufgehen. Das tut er zwar auch, wenn man ihn in den Kühlschrank stellt, schneller geht es aber an einem warmen, möglichst zugfreien Ort. Den Teig in eine Schüssel geben, mit einem Küchentuch abdecken und ruhen lassen. Er ist richtig aufgegangen, wenn er sein Volumen etwa verdoppelt hat und sich bei Fingerdruck schön weich und elastisch anfühlt.

TEIGE RUND AUSROLLEN

Feste Teige wie Mürbe- oder Quark-Öl-Teig werden rund ausgerollt, damit man die Form damit auslegen kann. Dazu den Teig zu einer Kugel formen und zwischen zwei Bögen Backpapier (klebt weniger als Folie) ausrollen. Dabei immer wieder leicht die Richtung ändern, so gelingt es gleichmäßig rund. Danach das obere Papier abziehen und den Teig in die Form stürzen. Das zweite Papier ablösen und den Teig mit den Fingern in der Form verteilen. Den Rand glatt schneiden und Reste zum Ausbessern verwenden.

FORMEN VORBEREITEN

Damit sich die Kuchen nach dem Backen leicht aus der Form lösen lassen, muss man sie gründlich mit Butter oder einem neutralen Öl einfetten. Noch leichter geht es, wenn man die Form zusätzlich mit Mehl oder Semmelbröseln ausstreut. Dafür Mehl oder Brösel in die Form geben und diese über dem Spülbecken nach allen Seiten drehen und dabei auf den Rand klopfen, damit sich Mehl oder Brösel gleichmäßig verteilen.

BACKZEITEN

Der eine Ofen heizt hinten mehr als vorne, der andere erreicht die angezeigte Temperatur nicht ganz exakt. Die in den Rezepten angegebenen Backzeiten sind deshalb nur Richtwerte. Also besser immer mindestens 5 Min. vor Ende der Backzeit schon mal die Garprobe machen!

GARPROBEN

Rührteig, hohe Biskuitteige und saftige Hefekuchen: Hier ist die Stäbchenprobe angesagt. Dafür nach der angegebenen Backzeit mit einem dünnen Holzstab in die Mitte des Kuchens stechen und langsam wieder herausziehen. Es dürfen keine feuchten Teigreste mehr am Stäbchen haften. Falls das doch der Fall ist, die Backzeit etwas verlängern und die Probe wiederholen.

Biskuitplatte: Sie ist so dünn, dass man die Garprobe mit dem Finger macht. Die Teigplatte einfach mit dem Finger leicht eindrücken. Wenn sich eine Delle bildet, die aber nach kurzer Zeit wieder verschwindet, ist der Teig lange genug gebacken.

Brote und trockene Hefegebäcke: Bei ihnen stellt man am besten durch die Klopfprobe fest, ob sie lange genug gebacken sind. Das Gebäck mit dem Topflappen nehmen, umdrehen und mit dem Fingerknöchel auf die Unterseite klopfen. Klingt es hohl, sind Brot und Co. fertig.

GEBÄCK AUFBEWAHREN

Kuchen mit saftigen Früchten oder mit knusprigem Baiser schmecken frisch einfach am besten.

Die meisten Kuchen, Torten, Plätzchen und Teilchen kann man aber auch ein paar Tage länger genießen. Rührkuchen schmecken sowieso am besten, wenn man sie vor dem Anschneiden 1 Tag ruhen lässt. Danach in Frischhaltefolie verpacken und an einem kühlen Ort lagern. Obstkuchen und alle Kuchen mit Quark oder Frischkäse am besten im Kühlschrank aufbewahren, Plätzchen bleiben in einer Blechdose 2–4 Wochen lang frisch.

Aber wenn klar ist, dass Sie nicht den ganzen Kuchen in den nächsten Tagen essen werden, einfach in einzelne Stücke schneiden, in Alufolie wickeln und tiefkühlen.

VON ZIMTZUCKER BIS SCHOKOGLASUR

Aromatisierter Zucker gibt Ihrem Gebäck besonderen Pfiff, die Glasur sorgt für einen glänzenden Auftritt. All das haben Sie im Nu selbst gemacht!

ZUCKER AROMATISIEREN

Für Vanillezucker 1 Vanilleschote in 2 cm lange Stücke schneiden und mit 200 g Zucker in den Blitzhacker geben. Alles ca. 20 Sek. pulverisieren, dann durch ein feines Sieb sieben. Reste wieder in den Blitzhacker geben, pulverisieren und durchsieben.

Für Zitruszucker 1 Bio-Zitrone oder -Orange heiß abwaschen und abtrocknen. Die Schale mit einem Zestenreißer oder Sparschäler hauchdünn – ohne die weiße Innenhaut – abschälen. Mit 200 g Zucker im Blitzhacker ca. 20 Sek. pulverisieren, dann durch ein feines Sieb sieben. Reste wieder in den Blitzhacker geben, nochmals pulverisieren und durchsieben.

Für Zimtzucker ½–1 EL Zimtpulver mit 200 g Puderzucker in einer kleinen Schüssel mischen, dann sieben.

Alle Zucker in ein Schraubglas füllen, luftdicht verschließen und bis zu 6 Monate aufbewahren.

MANDELN SCHÄLEN

Für 250 g Mandeln ca. 1 l Wasser in einem kleinen Topf aufkochen. Die Mandeln hineingeben, den Herd ausschalten und die Mandeln 3–4 Min. ziehen lassen. Danach in ein Sieb abgießen und mit kaltem Wasser abbrausen. Die Mandeln zwischen Daumen und Zeigefinger halten und aus den Häutchen drücken.

PUDDING KOCHEN

Dafür 500 ml Milch mit 50 g selbst gemachtem Vanillezucker (siehe links), 1 Prise Salz und 40 g Speisestärke (oder 2 Eigelben und 30 g Speisestärke) in einen kleinen Topf geben. Alles mit dem Schneebesen glatt verrühren. Bei mittlerer Hitze unter ständigem Rühren aufkochen, dann ca. 1 Min. kochen lassen. Den Pudding in eine Schüssel füllen und die Oberfläche sofort mit Frischhaltefolie abdecken, damit sich keine Haut bildet. Abkühlen lassen und je nach Rezept verwenden.

ZUCKERGUSS RÜHREN

200 g Puderzucker mit 40 ml Flüssigkeit (Zitronen- oder Fruchtsaft, Rum, Kaffee, Likör) in eine kleine Rührschüssel geben und mit dem Schneebesen glatt verrühren. Nach Belieben noch mit ein paar Tropfen Lebensmittelfarbe farbig einfärben. Auf dem Kuchen verstreichen und gut trocknen lassen.

SCHOKOGLASUR SCHMELZEN

Sie ist das i-Tüpfelchen auf vielen Kuchen. Dafür ca. 500 ml Wasser in einem kleinen Topf aufkochen.

Für den Aromakick: Würzzucker einfach selber machen!

Den Herd dann auf schwache Hitze schalten, sodass das Wasser nur noch leicht simmert. 200 g Zartbitter- oder Vollmilchschokolade mit einem Messer mittelfein hacken. 150 g davon in eine hitzebeständige Rührschüssel mit halbrundem Boden (Schlagkessel) geben. Auf das heiße Wasserbad setzen und die Schokolade schmelzen lassen.

Vermeiden Sie, dass Wasser oder Wasserdampf in die Schüssel mit der Schokolade gelangt. Sie lässt sich dann nicht mehr flüssig auflösen, wird zäh und matt. Daher sollte die Rührschüssel so groß sein, dass sie den Topf vollständig verschließt. Auch darf der Schüsselboden das Wasser nicht berühren, da die Schokolade sonst zu heiß wird. Das macht sie ebenfalls zäh und matt.

Sobald die Schokolade flüssig ist, die Schüssel vom Topf nehmen. Kurz warten, dann die übrigen 50 g Schokolade unterrühren, bis sie geschmolzen ist. Dadurch kühlt die Schokolade ab und wird nach dem Verstreichen auf dem Kuchen richtig schön glänzend. Gelingt auch mit Kuvertüre.

Für besondere Effekte die geschmolzene Schokolade in einen kleinen Spritzbeutel füllen und Muster oder Buchstaben auf den Kuchen spritzen. Danach gut trocknen lassen.

HEFETEIG
süß

FÜR 1 BACKBLECH (30 × 40 CM, 20 STÜCKE)

200 ml Milch | 75 g Zucker | 42 g frische Hefe (1 Würfel) | Salz | 500 g Mehl | 100 g weiche Butter | 2 Eier (M) | Mehl zum Arbeiten

Zubereitungszeit: 25 Min. + 55 Min. Ruhezeit + 35 Min. Backzeit

Pro Stück ca. 155 kcal, 4 g E, 5 g F, 23 g KH

1 Die Milch lauwarm erhitzen. Milch, Zucker, Hefe und 1 Prise Salz in eine Rührschüssel geben, verrühren und ca. 10 Min. ruhen lassen. Mehl, Butter und Eier zufügen und alles mit den Knethaken des Handrührgeräts in ca. 3 Min. zu einem geschmeidigen Teig verkneten. Den Teig abgedeckt an einem warmen Ort ca. 45 Min. gehen lassen.

2 Den Backofen auf 180° vorheizen, ein Backblech mit Backpapier belegen. Den Teig mit Mehl bestäuben, auf das Blech geben und mit bemehlten Händen zu einem Rechteck in Blechgröße flach drücken. Den Teig nach Wunsch oder wie im Rezept angegeben belegen und im Ofen (Mitte) je nach Dicke des Belags 25–35 Min. backen. Geformtes Kleingebäck (Zöpfe, süße Brötchen) 25–35 Min. backen.

RÜHRTEIG
ohne Mühe

FÜR 1 KASTENFORM (30 CM LANG, 16 STÜCKE)

6 Eier (M) | 250 g weiche Butter | 250 g Zucker | 1 Pck. Vanillezucker | 500 g Mehl | 1 Pck. Backpulver | Butter und Mehl für die Form

Zubereitungszeit: 25 Min. + 1 Std. Backzeit

Pro Stück ca. 320 kcal, 6 g E, 16 g F, 39 g KH

1 Den Backofen auf 180° vorheizen, die Form mit Butter einfetten und mit Mehl ausstäuben. Eier, Butter, Zucker und Vanillezucker in eine Rührschüssel geben und mit den Rührbesen des Handrührgeräts in ca. 2 Min. hellcremig rühren. Mehl und Backpulver zufügen und alles rasch zu einem cremigen Teig verrühren. Nach Belieben weitere Zutaten (s. Tipp) untermischen.

2 Den Teig in die Form füllen und im Ofen (Mitte) ca. 1 Std. backen. Die Stäbchenprobe machen.

TIPP

Der Teig lässt sich sehr vielseitig abwandeln. Dafür zuletzt noch 50 g gehackte Nüsse, Krokant, Kokosraspel, gemahlenen Blaumohn, in Rum oder Saft eingelegte Rosinen, Schokolinsen, Schokostreusel, gehackte Karamellbonbons, ganze oder gehackte Amarettini hineinrühren.

Feiner BISKUIT

Braucht auf dem Blech gebacken 8-10 Min.

FÜR 1 SPRINGFORM (26 CM Ø, 12 STÜCKE)

120 g Mehl | 80 g Speisestärke | 6 Eier (M) | 180 g Zucker | 1 Pck. Vanillezucker

Zubereitungszeit: 25 Min. + 30 Min. Backzeit

Pro Stück ca. 145 kcal, 3 g E, 3 g F, 26 g KH

1 Den Backofen auf 180° vorheizen. Den Boden der Form mit Backpapier belegen. Mehl und Stärke in einer Schüssel vermischen. Die Eier trennen. Die Eiweiße mit 3 EL Wasser in einen hohen Rührbecher geben und mit den Rührbesen des Handrührgeräts weißcremig aufschlagen. 90 g Zucker einrieseln lassen und den Eischnee steif schlagen. Eigelbe, restliche 90 g Zucker und Vanillezucker in eine Rührschüssel geben und in ca. 5 Min. hellschaumig rühren. Den Eischnee mit dem Küchenspatel unterheben, dann die Mehlmischung mit dem Küchenspatel unterrühren.

2 Den Teig in die Form füllen und im heißen Ofen (Mitte) 25-30 Min. backen. Stäbchenprobe machen. Herausnehmen und ca. 10 Min. ruhen lassen. Danach aus der Form lösen und auf einem Kuchengitter ganz auskühlen lassen.

3 Den Biskuitboden mit Pudding und Früchten belegen oder ein- bis zweimal waagerecht durchschneiden und die Lagen als Tortenböden verwenden.

MÜRBETEIG süß

FÜR 1 SPRINGFORM (26 CM Ø, 12 STÜCKE)

140 g kalte Butter | 300 g Mehl | 75 g Zucker | 1 TL Vanillezucker | Salz | 1 Ei (M) | Butter und Mehl für die Form | Mehl zum Arbeiten

Zubereitungszeit: 25 Min. + 1 Std. Kühlzeit + 25 Min. Backzeit

Pro Stück ca. 210 kcal, 3 g E, 10 g F, 26 g KH

1 Die Butter in kleine Stücke schneiden. Mit Mehl, Zucker, Vanillezucker und 1 Prise Salz in eine Rührschüssel geben und mit den Rührbesen des Handrührgerätes kurz vermischen. Das Ei zufügen und alles rasch zu groben Streuseln verkneten. Die Streusel auf der Arbeitsfläche mit den Händen zusammenkneten. Den Teig dann zu einer Kugel formen, in Frischhaltefolie wickeln und mindestens 1 Std. in den Kühlschrank legen.

2 Den Backofen auf 180° vorheizen, die Form mit Butter einfetten und mit Mehl ausstäuben. Den Teig auf der bemehlten Arbeitsfläche oder zwischen zwei Bögen Backpapier zu einem Kreis (ca. 30 cm ∅) ausrollen. In die Form legen und mit den Händen einen ca. 2 cm hohen Rand formen. Den Boden mit einer Gabel mehrmals einstechen und im Ofen (Mitte) 20–25 Min. backen. Auf einem Kuchengitter abkühlen lassen und je nach Rezept verwenden.

Einfache KUCHEN für jeden Tag

Saftiger MARMORKUCHEN

FÜR 1 GUGELHUPFFORM (24 CM Ø, 16 STÜCKE)

300 g weiche Butter
250 g Zucker
2 Pck. Vanillezucker
5 Eier (M)
400 g Mehl
1 Pck. Backpulver
Salz
100 ml Milch
30 g Kakaopulver
1 TL Zimtpulver

Außerdem:

Butter und Mehl für die Form
Puderzucker zum Bestäuben

Zubereitungszeit: 25 Min. + 1 Std. Backzeit
Pro Stück ca. 345 kcal, 6 g E, 19 g F, 39 g KH

1 Den Backofen auf 180° vorheizen, die Form mit Butter einfetten und mit Mehl ausstäuben. Butter, Zucker und Vanillezucker in eine Rührschüssel geben und mit den Rührbesen des Handrührgeräts in ca. 2 Min. hellcremig rühren. Die Eier einzeln unterrühren. Mehl, Backpulver, 1 Prise Salz und 80 ml Milch zufügen und alles zu einem cremigen Teig verrühren.

2 Etwa zwei Drittel des Teiges in die Form füllen. Kakaopulver, Zimt und die übrigen 20 ml Milch zum restlichen Teig in die Rührschüssel geben und glatt rühren. Den dunklen Teig auf den hellen in der Backform verteilen. Dann mit einer Gabel spiralförmig durch die beiden Teigschichten ziehen, sodass ein Marmormuster entsteht.

3 Den Kuchen im Ofen (Mitte) ca. 1 Std. backen. Die Stäbchenprobe machen. Den Kuchen ca. 10 Min. in der Form ruhen lassen, dann herauslösen und auf einem Kuchengitter auskühlen lassen. Zum Servieren mit Puderzucker bestäuben.

NUSSKUCHEN *mit Gewürzen*

FÜR 1 KASTENFORM (30 CM LANG, 16 STÜCKE)

6 zimmerwarme Eier (M) | 200 g weiche Butter | 175 g Zucker | Salz | 1 TL Zimtpulver | ½ TL gemahlener Kardamom | 2 Msp. gemahlene Nelken | 100 g Mehl | 2 TL Backpulver | 300 g gemahlene Haselnusskerne | 150 g Zartbitter-Kuvertüre | Butter und Mehl für die Form

Zubereitungszeit: 15 Min. + ca. 50 Min. Backzeit
Pro Stück ca. 370 kcal, 6 g E, 28 g F, 24 g KH

1 Den Backofen auf 180° vorheizen, die Form mit Butter einfetten und mit Mehl ausstäuben. Eier, Butter, Zucker und 1 Prise Salz in einer Rührschüssel mit den Rührbesen des Handrührgeräts in ca. 2 Min. auf höchster Stufe schaumig aufschlagen. Zimt, Kardamom, Nelken, Mehl, Backpulver und Nüsse zugeben und alles zu einem cremigen Teig verrühren.

2 Den Teig in die Form füllen und im Ofen (Mitte) ca. 50 Min. backen. Leicht abgekühlt aus der Form lösen und auf einem Kuchengitter auskühlen lassen. Die Kuvertüre grob hacken und in einer hitzebeständigen Schüssel über dem heißen Wasserbad schmelzen. Den Kuchen mit der Schokoglasur überziehen und trocknen lassen.

Quark- GUGELHUPF

FÜR 1 GUGELHUPFFORM (24 CM Ø, 16 STÜCKE)

150 g Zartbitter-Schokolade | 125 ml Milch | 42 g frische Hefe (1 Würfel) | 175 g Zucker | Salz | 1 Bio-Zitrone | 1 Pck. Vanillezucker | 400 g Mehl | 250 g Quark (20 % Fett) | 125 g weiche Butter | 2 Eier (M) | Puderzucker zum Bestäuben | Butter für die Form

Zubereitungszeit: 35 Min. + 1 Std. 25 Min. Ruhezeit + 1 Std. Backzeit
Pro Stück ca. 290 kcal, 7 g E, 13 g F, 36 g KH

1 Die Schokolade mit einem großen Messer mittelfein hacken. Die Milch lauwarm erhitzen. Milch, Hefe, 20 g Zucker und 1 Prise Salz in einer Rührschüssel vermischen und ca. 10 Min. ruhen lassen.

2 Inzwischen die Zitrone heiß abwaschen, abtrocknen und die Schale fein abreiben. Die restlichen 155 g Zucker, Vanillezucker, Mehl, Quark, Butter und Eier in die Rührschüssel geben. Alles mit den Knethaken des Handrührgeräts in ca. 3 Min. zu einem glatten Teig verkneten, dabei die Schokolade zugeben. Den Teig abgedeckt ca. 1 Std. gehen lassen.

3 Die Form mit Butter einfetten. Den Teig hineingeben und nochmals ca. 15 Min. gehen lassen. Währenddessen den Backofen auf 180° vorheizen. Den Gugelhupf im Ofen (Mitte) ca. 1 Std. backen. Herausnehmen, ca. 10 Min. ruhen lassen, dann aus der Form lösen und auf einem Kuchengitter ganz auskühlen lassen. Mit Puderzucker bestäubt servieren.

Hasel-NUSSZOPF

FÜR 1 ZOPF (20 SCHEIBEN)

Für den Hefeteig:
150 ml Milch
30 g frische Hefe
100 g Zucker | Salz
500 g Mehl
100 g weiche Butter
4 Eigelb (M)

Für die Füllung:
400 g gemahlene Haselnusskerne
200 g Zucker
150 g Sahne
2 TL Kakaopulver
1 TL Zimtpulver
3 Eiweiß (M)
1 TL Zitronensaft
Salz

Außerdem:
1 Eigelb (M)
1 EL Sahne

Zubereitungszeit: 40 Min.
+ 1 Std. 25 Min. Ruhezeit
+ 40 Min. Backzeit
Pro Scheibe ca. 365 kcal,
7 g EW, 22 g F, 36 g KH

1 Für den Teig die Milch lauwarm erhitzen. Milch, Hefe, 20 g Zucker und 1 Prise Salz in einer Rührschüssel verrühren und ca. 10 Min. ruhen lassen. Dann die restlichen 80 g Zucker, Mehl, Butter und Eigelbe zufügen und alles mit den Knethaken des Handrührgeräts in ca. 4 Min. zu einem geschmeidigen Teig verkneten. Den Teig abgedeckt an einem warmen Ort ca. 1 Std. gehen lassen.

2 Für die Füllung Nüsse und Zucker in einer zweiten Rührschüssel mischen. Die Sahne in einem kleinen Topf erhitzen, jedoch nicht kochen lassen. Sahne, Kakao und Zimt zur Nussmischung geben und alles mit dem Küchenspatel zu einer glatten Masse verrühren. Eiweiße, Zitronensaft und 1 Prise Salz in einen hohen Rührbecher geben und mit den Rührbesen des Handrührgeräts steif schlagen. Den Eischnee unter die Nussmischung heben.

3 Den Teig nochmals durchkneten und in 3 Portionen teilen. Jede Portion zu einem Rechteck (ca. 45 × 15 cm) ausrollen. Die Nussmasse darauf verstreichen, dabei rundum einen ca. 2 cm breiten Rand lassen. Die Rechtecke dann von der Längsseite her aufrollen und die Ränder vorsichtig andrücken.

4 Ein Backblech mit Backpapier belegen. Die Teigrollen nebeneinander darauflegen und zu einem Zopf flechten. Die Teigenden zusammendrücken und den Zopf nochmals ca. 15 Min. gehen lassen.

5 Währenddessen den Backofen auf 180° vorheizen. Eigelb und Sahne verquirlen und den Zopf damit bestreichen. Den Zopf im Ofen (Mitte) ca. 40 Min. backen. Dabei eine Tasse kaltes Wasser neben den Zopf stellen, damit die Kruste weich bleibt. Herausnehmen, abkühlen lassen und zum Servieren in Scheiben schneiden.

Muntermacher-
Kuchen

KAFFEE-kuchen

FÜR 1 KRANZFORM (28 CM Ø, 16 STÜCKE)

4 Eier (M) | 250 g weiche Butter | 170 g Zucker | 1 Pck. Vanillezucker | 500 g Mehl | 1 Pck. Backpulver | 1 TL Zimtpulver | 2 TL Kakaopulver | Salz | 240 ml kalter Espresso | 200 g Puderzucker | 40 g Schoko-Mokkabohnen | Butter und Mehl für die Form

Zubereitungszeit: 25 Min. + 50 Min. Backzeit
Pro Stück ca. 345 kcal, 5 g E, 15 g F, 46 g KH

1 Den Backofen auf 180° vorheizen, die Form mit Butter einfetten und mit Mehl ausstäuben. Für den Teig Eier, Butter, Zucker und Vanillezucker in eine Rührschüssel geben und mit den Rührbesen des Handrührgeräts in ca. 4 Min. hellcremig rühren. Dann Mehl, Backpulver, Zimt, Kakaopulver, 1 Prise Salz und 200 ml Espresso zufügen und alles zu einem cremigen Teig verrühren. Den Teig in die Form füllen, glatt streichen und im Ofen (Mitte) ca. 50 Min. backen. Den Kuchen leicht abgekühlt aus der Form lösen und auf einem Kuchengitter auskühlen lassen.

2 Für den Guss Puderzucker und übrige 40 ml Espresso in einer kleinen Schüssel glatt verrühren. Den Kuchen mit dem Espressoguss überziehen, mit Schoko-Mokkabohnen bestreuen und trocknen lassen.

ROTWEIN-kuchen

FÜR 1 KASTENFORM (30 CM LANG, 16 STÜCKE)

100 g Zartbitter-Schokolade | 4 Eier (M) | Salz | 200 g weiche Butter | 175 g Zucker | 250 g Mehl | 1/2 Pck. Backpulver | 1 Prise gemahlene Nelken | 2 TL Kakaopulver | 125 ml Rotwein | Puderzucker zum Bestäuben | Butter und Mehl für die Form

Zubereitungszeit: 30 Min. + 50 Min. Backzeit
Pro Stück ca. 280 kcal, 4 g E, 16 g F, 28 g KH

1 Die Schokolade mit einem großen Messer fein hacken. Die Eier trennen. Die Eiweiße mit 1 Prise Salz in einen hohen Rührbecher geben und mit den Rührbesen des Handrührgeräts steif schlagen.

2 Den Backofen auf 180° vorheizen, die Form mit Butter einfetten und mit Mehl ausstäuben. Butter, Zucker und Eigelbe in eine Rührschüssel geben und mit den Rührbesen des Handrührgerätes in ca. 3 Min. hellcremig rühren. Dann Mehl, Backpulver, Nelken, Kakao, Rotwein und gehackte Schokolade zufügen und alles zügig zu einem cremigen Teig verrühren. Den Eischnee mit einem Küchenspatel unterheben.

3 Den Teig in die Form füllen und im Ofen (Mitte) ca. 50 Min. backen. Leicht abgekühlt aus der Form lösen und auf einem Kuchengitter auskühlen lassen. Mit Puderzucker bestäubt servieren.

KÄSEKUCHEN
ganz klassisch

FÜR 1 SPRINGFORM (26 CM Ø, 12 STÜCKE)

Für den Mürbeteig:

125 g kalte Butter
225 g Mehl
60 g Zucker
Salz
1 Ei (M)

Für den Belag:

100 g Rosinen
1 EL Rum
½ Bio-Zitrone
125 g weiche Butter
125 g Zucker
5 Eier (M)
750 g Quark (20 % Fett)
1 Pck. Vanillepuddingpulver

Außerdem:

Butter für die Form

Zubereitungszeit: 30 Min.
+ 1 Std. Kühlzeit
+ 50 Min. Backzeit
Pro Stück ca. 440 kcal,
14 g E, 24 g F, 41 g KH

1 Für den Teig die Butter würfeln. Mit Mehl, Zucker und 1 Prise Salz in eine Rührschüssel geben und vermischen. Das Ei zufügen und alles mit den Rührbesen des Handrührgeräts rasch zu groben Streuseln verkneten. Die Streusel auf die Arbeitsfläche geben, mit den Händen zusammenkneten und zu einer Kugel formen. In Frischhaltefolie wickeln und mindestens 1 Std. kühlen.

2 Währenddessen für den Belag die Rosinen mit dem Rum in einer Schüssel mischen und bis zur Verwendung ziehen lassen.

3 Die Form mit Butter einfetten. Den Teig zwischen zwei Bögen Backpapier zu einem Kreis (ca. 32 cm ∅) ausrollen. Den Kreis in die Form legen und dabei einen ca. 3 cm hohen Rand hochziehen. Den Boden mit einer Gabel mehrmals einstechen.

4 Den Backofen auf 200° vorheizen. Für den Belag die Zitronenhälfte heiß abwaschen, abtrocknen und die Schale fein abreiben. Die Butter in Stücke schneiden. Mit Zucker und Eiern in eine Rührschüssel geben und cremig rühren. Quark, Puddingpulver, Rosinen und Zitronenschale zufügen und alles zu einer glatten Creme verrühren. Die Quarkcreme auf den Teigboden in der Form geben.

5 Den Kuchen im Ofen (Mitte) ca. 50 Min. backen, bis der Belag fest und schön gebräunt ist. Aus dem Ofen nehmen und auf einem Kuchengitter auskühlen lassen. Erst dann aus der Form lösen.

RICOTTAKUCHEN
mit Limoncello

FÜR 1 SPRINGFORM (26 CM Ø, 12 STÜCKE)

1 Bio-Limette | 150 g weiche Butter | 150 g Zucker | 1 Pck. Vanillezucker | 4 Eier (M) | 1 kg Ricotta | 70 g Hartweizengrieß | 75 g Limoncello (ital. Zitronenlikör) | 3 EL Pinienkerne | 2 EL Puderzucker | Butter für die Form

Zubereitungszeit: 15 Min. + 45 Min. Backzeit
Pro Stück ca. 415 kcal, 12 g E, 28 g F, 24 g KH

1 Den Backofen auf 200° vorheizen, die Form mit Butter einfetten. Die Limette heiß abwaschen, abtrocknen, die Schale fein abreiben und den Saft auspressen.

2 Butter, Zucker, Vanillezucker und Eier in eine Rührschüssel geben und mit den Rührbesen des Handrührgeräts in ca. 1 Min. cremig rühren. Ricotta, Grieß, Limoncello, Limettenschale und -saft zufügen und alles zügig zu einer glatten Masse verrühren.

3 Die Ricottamasse gleichmäßig in die Form füllen und im heißen Ofen (Mitte) ca. 20 Min. backen. Dann die Pinienkerne auf den Kuchen streuen und mit dem Puderzucker bestäuben. Den Kuchen noch ca. 25 Min. weiterbacken, bis die Ricottamasse fest und die Oberfläche schön gebräunt ist.

4 Den Kuchen aus dem Ofen nehmen und auf einem Kuchengitter ganz auskühlen lassen. Erst danach aus der Form lösen, in Stücke schneiden und servieren. Der Ricottakuchen schmeckt frisch am besten.

American
CHEESECAKE

FÜR 1 SPRINGFORM (26 CM Ø, 12 STÜCKE)

50 g Zartbitter-Schokolade | 100 g Butter | 150 g Vollkorn-Butterkekse (Fertigprodukt) | Salz | 1 Bio-Zitrone | 800 g Doppelrahmfrischkäse | 200 g saure Sahne | 150 g Zucker | 1 TL gemahlene Vanille | 4 Eier (M)

Zubereitungszeit: 30 Min. + 4 Std. 30 Min. Kühlzeit + 1 Std. 15 Min. Backzeit

Pro Stück ca. 415 kcal, 8 g E, 31 g F, 26 g KH

1 Den Formboden mit Backpapier belegen und mit dem Rand umschließen. Für den Boden die Schokolade grob hacken, die Butter würfeln. Beides in einem Topf bei schwacher Hitze unter Rühren schmelzen. Die Kekse in einen Gefrierbeutel geben, verschließen und mit einer Teigrolle fein zerdrücken. Keksbrösel und 1 kräftige Prise Salz in die Schokobutter rühren. Die Mischung in die Form geben und gleichmäßig zu einem Boden festdrücken. Ca. 30 Min. kühlen.

2 Den Backofen auf 150° vorheizen. Für den Belag die Zitrone heiß abwaschen, abtrocknen, die Schale fein abreiben und den Saft auspressen. Frischkäse, saure Sahne, Zucker, Vanille, Eier, Zitronenschale und -saft in eine Rührschüssel geben und mit den Rührbesen des Handrührgeräts glatt verrühren.

3 Die Masse auf dem Boden verteilen und den Kuchen im Ofen (Mitte) ca. 1 Std. 15 Min. backen. Den Kuchen aus dem Ofen nehmen und abkühlen lassen. Dann aus der Form lösen, auf eine Servierplatte setzen und vor dem Servieren mindestens 4 Std. kühlen.

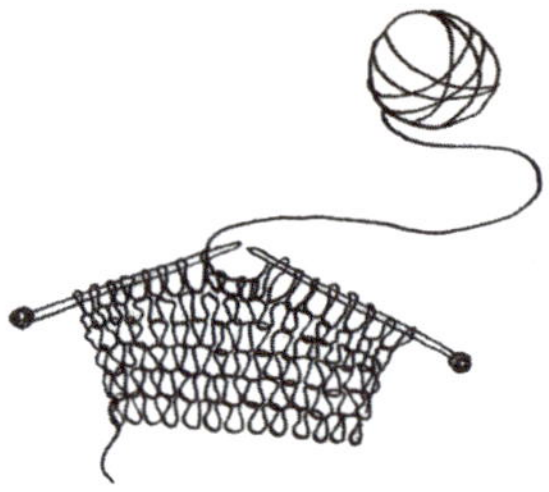

Apfel-STRUDEL wie bei Oma

FÜR 2 STRUDEL (16 STÜCKE)

Für den Strudelteig:
250 g Mehl
Salz
2 EL neutrales Öl
1 Ei (M)

Für die Füllung:
1,5 kg säuerliche Äpfel
2 EL Zitronensaft
120 g Zucker
1 TL Zimtpulver
50 g Butter
250 g saure Sahne

Außerdem:
Puderzucker zum Bestäuben
Mehl zum Arbeiten

Zubereitungszeit: 1 Std. + 45 Min. Backzeit
Pro Stück ca. 180 kcal, 3 g E, 6 g F, 27 g KH

1 Für den Teig Mehl, 1 Prise Salz, Öl, Ei und 80 g lauwarmes Wasser in eine Rührschüssel geben und mit den Knethaken des Handrührgeräts in ca. 2 Min. zu einem geschmeidigen Teig verkneten. Den Teig zu einer Kugel formen, in einen Bogen Backpapier wickeln und bei Raumtemperatur ca. 30 Min. ruhen lassen.

2 Inzwischen für die Füllung die Äpfel schälen, vierteln und das Kerngehäuse entfernen. Die Viertel in dünne Scheiben schneiden und in eine Schüssel geben. Zitronensaft, Zucker und Zimt zufügen und vermischen. Die Butter in einem kleinen Topf schmelzen.

3 Den Strudelteig halbieren. Eine Portion auf wenig Mehl so dünn wie möglich ausrollen. Dann über den Handrücken weiter dünn ausziehen und auf ein mit Mehl bestäubtes Küchentuch legen.

4 Das Teigblatt mit einem Drittel der geschmolzenen Butter bestreichen und eine Hälfte der Apfelmasse darauf verteilen, dabei rundum einen ca. 2 cm breiten Rand lassen. Dann 125 g saure Sahne in Klecksen auf den Äpfeln verteilen, die Ränder nach innen klappen und den Strudel mithilfe des Tuches aufrollen. Ein Backblech mit Backpapier belegen und den Strudel daraufgleiten lassen.

5 Den Backofen auf 180° vorheizen. Die zweite Teigportion ebenso ausziehen, mit einem Drittel der Butter bestreichen, mit der restlichen Apfelmasse und 125 g saurer Sahne belegen, aufrollen und auf das Backblech legen. Die Strudel mit dem letzten Drittel geschmolzener Butter bepinseln und im Backofen (Mitte) ca. 45 Min. backen. Mit Puderzucker bestäubt warm, lauwarm oder kalt servieren.

APFEL-NUSS-Kuchen

FÜR 1 KASTENFORM (30 CM LANG, 16 STÜCKE)

1 Bio-Zitrone | 10 g Ingwer | 300 g Äpfel | 150 g Zucker | 150 g weiche Butter | 4 Eier (M) | 150 g Mehl | 2 TL Backpulver | 150 g gemahlene Haselnusskerne | Salz | Puderzucker zum Bestäuben | Butter und Mehl für die Form

Zubereitungszeit: 40 Min. + 50 Min. Backzeit
Pro Stück ca. 230 kcal, 4 g E, 16 g F, 19 g KH

1 Die Zitrone heiß abwaschen, abtrocknen und die Schale fein abreiben. Den Ingwer schälen und fein reiben. Die Äpfel schälen, vierteln und das Kerngehäuse entfernen. Die Viertel grob raspeln. Zitronenschale, Ingwer, geraspelte Äpfel und 50 g Zucker in eine Schüssel geben und vermischen.

2 Den Backofen auf 180° vorheizen, die Form mit Butter einfetten und mit Mehl ausstäuben. Butter, Eier und übrige 100 g Zucker in eine Rührschüssel geben und mit den Rührbesen des Handrührgeräts in ca. 3 Min. hellcremig rühren. Mehl, Backpulver, Nüsse und 1 Prise Salz zufügen und alles zügig zu einem cremigen Teig verrühren. Die Apfelwürfel mit einem Küchenspatel untermischen.

3 Den Teig in die Form füllen und im Ofen (Mitte) ca. 50 Min. backen. Lauwarm abkühlen lassen, dann aus der Form lösen und auf einem Kuchengitter ganz auskühlen lassen. Mit Puderzucker bestäubt servieren.

BROTKUCHEN
mit Kirschen

FÜR 1 KASTENFORM (30 CM LANG, 16 STÜCKE)

150 g Brot vom Vortag (hell oder dunkel) | 500 g Kirschen | 4 Eier (M) | 170 g brauner Zucker | 1 TL Zimtpulver | 50 g gemahlene gehäutete Mandeln | Puderzucker zum Bestäuben | Butter und Semmelbrösel für die Form

Zubereitungszeit: 35 Min. + 55 Min. Backzeit
Pro Stück ca. 125 kcal, 3 g E, 4 g F, 20 g KH

1 Das Brot auf einer Küchenreibe fein reiben. Die Kirschen waschen, entstielen und entsteinen.

2 Den Backofen auf 180° vorheizen, die Form gründlich mit Butter einfetten und mit Semmelbröseln ausstreuen. Eier, Zucker und Zimt in eine Rührschüssel geben und in ca. 3 Min. hellschaumig rühren. Brotbrösel, Mandeln und Kirschen zur Eiermasse geben und mit einem Küchenspatel untermischen, bis ein glatter Teig entstanden ist.

3 Den Teig in die Form füllen und im Ofen (Mitte) ca. 55 Min. backen. Die Stäbchenprobe machen. Den Kuchen ca. 10 Min. in der Form ruhen lassen, dann auf ein Kuchengitter stürzen und auskühlen lassen. Mit Puderzucker bestäubt servieren.

TIPP

Die Kirschensaison ist recht kurz. Im übrigen Jahr können Sie den Kuchen prima mit 350 g Schattenmorellen aus dem Glas zubereiten.

Saftiger RHABARBER-kuchen

FÜR 1 SPRINGFORM (26 CM Ø, 12 STÜCKE)

Für den Mürbeteig:

- 125 g kalte Butter
- 225 g Mehl
- 60 g Zucker
- Salz
- 1 Ei (M)

Für den Belag:

- 750 g Rhabarber
- 150 g Zucker
- 3 Eier (M)
- 150 g Crème fraîche
- 25 g gemahlene Mandeln

Außerdem:

- Butter für die Form
- 300 g getrocknete Hülsenfrüchte

Zubereitungszeit: 45 Min.
+ 1 Std. Kühlzeit
+ 55 Min. Backzeit
Pro Stück ca. 310 kcal,
5 g E, 18 g F, 32 g KH

1 Für den Teig die Butter würfeln. Mit Mehl, Zucker und 1 Prise Salz in eine Rührschüssel geben und mit den Rührbesen des Handrührgeräts vermischen. Dann das Ei zugeben und alles rasch zu groben Streuseln verkneten. Diese auf der Arbeitsfläche mit den Händen zusammenkneten. Den Teig zu einer Kugel formen, in Frischhaltefolie wickeln und mindestens 1 Std. kühlen.

2 Für den Belag den Rhabarber waschen, putzen und in 1 cm große Würfel schneiden. Die Rhabarberwürfel mit 50 g Zucker mischen.

3 Den Backofen auf 200° vorheizen, die Form mit Butter einfetten. Den Teig zwischen zwei Bögen Backpapier zu einem Kreis (ca. 32 cm ∅) ausrollen. In die Form legen und dabei einen ca. 3 cm hohen Rand formen. Den Teig mit Backpapier belegen und mit den Hülsenfrüchten beschweren. Im Ofen (Mitte) ca. 10 Min. vorbacken.

4 Inzwischen die Eier mit den restlichen 100 g Zucker und Crème fraîche in einer Rührschüssel mit dem Schneebesen glatt verrühren.

5 Hülsenfrüchte und Papier abnehmen. Die Mandeln auf den Teig streuen und den Rhabarber darauf verteilen. Den Eierguss darübergießen und den Kuchen ca. 45 Min. weiterbacken, bis der Belag fest und leicht gebräunt ist. Aus dem Ofen nehmen und abkühlen lassen. Danach aus der Form lösen und servieren.

Herbstlicher KÜRBIS-PIE

FÜR 1 TARTEFORM (30 CM Ø, 12 STÜCKE)

Für den Mürbeteig:
- 125 g kalte Butter
- 230 g Mehl
- 20 g Zucker
- Salz

Für den Belag:
- 700 g Kürbis (z. B. Muskatkürbis)
- 1 große Bio-Zitrone
- 15 g Ingwer
- 4 Eier (M)
- 100 g saure Sahne
- 125 g Zuckerrübensirup (ersatzweise Melasse)
- 50 g brauner Zucker
- 1 TL Zimtpulver
- 1 Prise gemahlene Nelken

Außerdem:
- Butter für die Form
- 300 g getrocknete Hülsenfrüchte

Zubereitungszeit: 50 Min. + 1 Std. Kühlzeit + 45 Min. Backzeit
Pro Stück ca. 250 kcal, 5 g E, 12 g F, 30 g KH

1 Für den Teig die Butter würfeln. Mit Mehl, Zucker und 1 Prise Salz in eine Rührschüssel geben und mit den Rührbesen des Handrührgeräts vermischen. 50 ml kaltes Wasser zugießen und alles rasch zu groben Streuseln verkneten. Diese auf der Arbeitsfläche zusammenkneten und zu einer Kugel formen. Den Teig in Frischhaltefolie wickeln und mindestens 1 Std. kühlen.

2 Inzwischen für den Belag den Kürbis von Kernen und faserigem Fruchtfleisch befreien und schälen. Das Kürbisfruchtfleisch in Stücke schneiden und in ein Metallsieb geben. In einem Topf 500 ml Wasser bei mittlerer Hitze aufkochen. Das Sieb daraufsetzen, die Kürbisstücke mit dem Deckel abdecken und im Dampf ca. 25 Min. garen. Dann abkühlen lassen.

3 Den Backofen auf 200° vorheizen, die Form mit Butter einfetten. Den Teig zwischen zwei Bögen Backpapier zu einem Kreis (ca. 34 cm ∅) ausrollen. In die Form legen und einen ca. 2 cm hohen Rand formen. Den Teig mit Backpapier belegen und mit den Hülsenfrüchten beschweren. Im Ofen (Mitte) ca. 10 Min. vorbacken.

4 Währenddessen die Zitrone heiß abwaschen und abtrocknen. Die Schale fein abreiben und den Saft auspressen. Den Ingwer schälen und würfeln. Ingwer und Kürbis in einen großen, hohen Rührbecher geben und mit dem Pürierstab fein mixen. Dann Eier, saure Sahne, Zitronenschale und -saft, Sirup, Zucker, Zimt und Nelken zufügen und alles cremig mixen.

5 Hülsenfrüchte und Papier abnehmen. Die Kürbismasse auf dem Boden verteilen und den Pie ca. 35 Min. weiterbacken, bis der Belag fest und leicht gebräunt ist. Den Pie in der Form abkühlen lassen, dann herauslösen und servieren.

Süß und würzig
zugleich

Wandlungskünstler
BISKUITROLLE
und 3 Füllungen

Den Backofen auf 200° vorheizen, ein Backblech mit Backpapier belegen. In einer Rührschüssel 5 Eier (M), 1 Prise Salz, 100 g Zucker und 1 Pck. Vanillezucker mit den Rührbesen des Handrührgeräts hellschaumig rühren. Die Masse ca. 5 Min. weiterschlagen, bis sich ihr Volumen fast verdoppelt hat. 125 g Mehl und ½ TL Backpulver unterrühren. Den Teig ca. 1 cm dick auf das Blech streichen und im Ofen (Mitte) 8–10 Min. backen. Ein Küchentuch mit 2 EL Zucker bestreuen und den Biskuit daraufstürzen. Das Papier abziehen und den Biskuit von der Längsseite her mit dem Küchentuch aufrollen. Abkühlen lassen.

Erdbeer-Sahne-Füllung: 3 Blatt Gelatine ca. 5 Min. in kaltem Wasser einweichen. 500 g Erdbeeren waschen, putzen und halbieren. 3 EL Wasser erwärmen, die Gelatine ausdrücken und darin auflösen. Erdbeeren und 75 g Puderzucker in einen hohen Rührbecher geben. Die Gelatine zufügen und alles mit dem Pürierstab fein mixen. In eine Schüssel umfüllen und ca. 30 Min. kühlen. 500 g Sahne mit 1 Pck .Vanillezucker in einer Rührschüssel mit den Rührbesen des Handrührgeräts steif schlagen. Das Erdbeerpüree mit dem Schneebesen untermischen. Den Biskuit entrollen, mit der Erdbeersahne bestreichen und wieder aufrollen. Mindestens 1 Std. kühlen, dann mit Puderzucker und Erdbeerscheiben dekorieren und servieren.

Schoko-Sahne-Füllung: 100 g Zartbitter-Schokolade fein reiben. 500 g Sahne mit 60 g Puderzucker und 1 TL Zimtpulver in eine Rührschüssel geben und steif schlagen. Schokolade und 40 g Kakaopulver zufügen und mit dem Schneebesen unterheben. Den Biskuit entrollen, mit der Schokosahne bestreichen und wieder aufrollen. Vor dem Servieren mindestens 2 Std. kühlen. Mit Puderzucker bestäubt servieren.

Zitronen-Sahne-Füllung: 2 Bio-Zitronen heiß abwaschen, abtrocknen, die Schale abreiben und den Saft auspressen. 400 g Sahne mit 75 g Puderzucker und 2 Pck. Sahnefestiger in eine Rührschüssel geben und mit den Rührbesen des Handrührgeräts steif schlagen. Zitronenschale, 50 ml Zitronensaft und 250 g Quark (20 % Fett) mit dem Schneebesen untermischen. Den Biskuit entrollen, mit der Zitronensahne bestreichen, wieder aufrollen und mindestens 1 Std. kühlen. Mit Puderzucker bestäubt servieren.

JOHANNISBEER-
Kuchen mit Baiser

FÜR 1 SPRINGFORM (26 CM Ø, 12 STÜCKE)

Für den Rührteig:

500 g Rote Johannisbeeren
225 g weiche Butter
4 Eier (M)
150 g Zucker
Salz
225 g Mehl
1 TL Backpulver

Für das Baiser:

3 Eiweiß (M)
150 g Zucker
Salz

Außerdem:

Butter und Mehl für die Form

Zubereitungszeit: 25 Min. + 50 Min. Backzeit
Pro Stück ca. 355 kcal, 6 g E, 19 g F, 41 g KH

1 Den Backofen auf 180° vorheizen, die Form mit Butter einfetten und mit Mehl ausstäuben. Für den Teig die Johannisbeeren waschen, abtropfen lassen und von den Rispen streifen.

2 Butter, Eier, Zucker und 1 Prise Salz in eine Rührschüssel geben und mit den Rührbesen des Handrührgeräts in ca. 3 Min. hellcremig rühren. Mehl und Backpulver zugeben und alles zügig zu einem cremigen Teig verrühren. Den Teig in die Form füllen, die Beeren darauf verteilen und im Ofen (Mitte) ca. 25 Min. backen.

3 Inzwischen für das Baiser die Eiweiße in einen hohen Rührbecher geben und mit dem Handrührgerät steif schlagen. Dabei nach und nach den Zucker und 1 Prise Salz einrieseln lassen.

4 Den Eischnee auf dem vorgebackenen Kuchen verteilen und den Kuchen noch 20–25 Min. weiterbacken, bis das Baiser leicht gebräunt ist. Aus dem Ofen nehmen und ca. 10 Min. abkühlen lassen. Den Kuchen dann aus der Form lösen und auf einem Kuchengitter ganz auskühlen lassen. Am besten frisch servieren.

TIPP

Die Johannisbeersaison ist schon vorbei? Dann legen Sie einfach Johannisbeeren aus dem Frost auf den Teig. Die Beeren nach Belieben tiefgekühlt verwenden oder vorher auftauen lassen. Oder Sie backen den Kuchen mal mit anderen Beeren.

Auch lecker mit
Stachelbeeren

JOGHURTKUCHEN mit Brombeeren

FÜR 1 SPRINGFORM (26 CM Ø, 12 STÜCKE)

300 g Brombeeren | 150 g Joghurt | 100 ml neutrales Öl | 150 g Zucker | 1 Pck. Vanillezucker | Salz | 3 Eier (M) | 200 g Mehl | ½ Pck. Backpulver | Puderzucker zum Bestäuben | Öl und Mehl für die Form

Zubereitungszeit: 15 Min. + 45 Min. Backzeit
Pro Stück ca. 230 kcal, 4 g E, 12 g F, 27 g KH

1 Den Backofen auf 180° vorheizen, die Form mit Öl einfetten und mit Mehl ausstäuben. Die Brombeeren verlesen, waschen und abtropfen lassen. Joghurt, Öl, Zucker, Vanillezucker, 1 Prise Salz, Eier, Mehl und Backpulver in eine Rührschüssel geben und mit den Rührbesen des Handrührgeräts in ca. 1 Min. zu einem cremigen Teig verrühren.

2 Den Teig in die Form füllen und die Brombeeren darauf verteilen. Den Kuchen im Ofen (Mitte) ca. 45 Min. backen, bis er aufgegangen und gebräunt ist. Leicht abgekühlt aus der Form lösen, mit Puderzucker bestäuben und servieren.

Versunkener BIRNENKUCHEN

FÜR 1 SPRINGFORM (26 CM Ø, 12 STÜCKE)

1 Bio-Zitrone | 750 g Birnen | 150 g weiche Butter | 150 g Zucker | 1 Pck. Vanillezucker | 4 Eier (M) | 300 g Mehl | 2 TL Backpulver | Salz | 50 ml Milch | 2 EL brauner Zucker | Butter und Mehl für die Form

Zubereitungszeit: 30 Min. + 50 Min. Backzeit
Pro Stück ca. 300 kcal, 5 g E, 14 g F, 39 g KH

1 Die Zitrone heiß abwaschen und abtrocknen. Die Schale fein abreiben und den Saft auspressen. Die Birnen schälen, je nach Größe vierteln oder achteln und das Kerngehäuse entfernen. Die Birnenspalten mit Zitronenschale und -saft mischen.

2 Den Backofen auf 180° vorheizen, die Form mit Butter einfetten und mit Mehl ausstäuben. Butter, Zucker, Vanillezucker und Eier in eine Rührschüssel geben und mit den Rührbesen des Handrührgeräts in ca. 3 Min. hellcremig rühren. Mehl, Backpulver, 1 Prise Salz und Milch zugeben und alles zügig zu einem cremigen Teig verrühren.

3 Den Teig in die Form füllen, mit den Birnenspalten belegen und mit braunem Zucker bestreuen. Den Kuchen im Ofen (Mitte) ca. 50 Min. backen, bis er schön gebräunt ist. Leicht abgekühlt aus der Form lösen und auf einem Kuchengitter ganz auskühlen lassen.

Dazu: Schlag-
sahne mit
1 Prise Zimt-
pulver

APRIKOSEN-wähe

FÜR 1 TARTEFORM (30 CM Ø, 12 STÜCKE)

Für den Belag:
750 g Aprikosen
150 g Crème fraîche
50 g Vanillezucker
1 EL Zitronensaft
1 Ei (M)

Für den Quark-Öl-Teig:
150 g Quark (20 % Fett)
100 ml neutrales Öl
50 g Zucker
Salz
250 g Mehl
1 TL Backpulver

Außerdem:
Öl für die Form

Zubereitungszeit: 30 Min. + 35 Min. Backzeit
Pro Stück ca. 270 kcal, 5 g E, 16 g F, 27 g KH

1 Für den Belag die Aprikosen waschen, halbieren und entsteinen. Den Backofen auf 200° vorheizen, die Form mit Öl einfetten.

2 Für den Teig Quark, Öl, Zucker, 1 Prise Salz, Mehl und Backpulver in eine Rührschüssel geben und mit den Rührbesen des Handrührgeräts in ca. 1 Min. zu groben Streuseln verkneten. Die Streusel dann auf der Arbeitsfläche mit den Händen zusammenkneten und zu einer Kugel formen. Die Teigkugel zwischen zwei Bögen Backpapier zu einem Kreis (ca. 34 cm ∅) ausrollen. In die Form legen und dabei einen ca. 2 cm hohen Rand hochziehen. Die Aprikosen mit der Wölbung nach oben auf dem Boden verteilen.

3 Crème fraîche, Vanillezucker, Zitronensaft und Ei in eine weitere Rührschüssel geben und mit dem Schneebesen zu einer glatten Creme verrühren. Die Creme auf den Aprikosen verteilen und die Wähe im Ofen (Mitte) ca. 35 Min. backen. Herausnehmen, leicht abgekühlt aus der Form lösen und auf einem Kuchengitter ganz auskühlen lassen. In Stücke schneiden und am besten frisch servieren.

TIPP

Statt mit Aprikosen ist die Wähe auch mit Stachelbeeren, Brombeeren oder im Herbst mit Zwetschgen ein Genuss.

Fruchtige ZITRONENTARTE

FÜR 1 TARTEFORM (30 CM Ø, 12 STÜCKE)

3 Bio-Zitronen | 125 g kalte Butter | 225 g Mehl | 270 g Zucker | Salz | 1 Eigelb (M) | 4 Eier (M) | 125 g Crème fraîche | 2 EL Puderzucker | Butter für die Form | 300 g getrocknete Hülsenfrüchte

Zubereitungszeit: 30 Min. + 1 Std. Kühlzeit + 1 Std. Backzeit

Pro Stück ca. 330 kcal, 5 g E, 16 g F, 41 g KH

1 Zitronen heiß abwaschen, abtrocknen, die Schale abreiben und 1 ½ Früchte auspressen. 1 TL Zitronenschale, Butter in Würfeln, Mehl, 70 g Zucker und 1 Prise Salz mit den Rührbesen des Handrührgeräts glatt rühren. Eigelb und 1 EL kaltes Wasser zufügen und rasch zu Streuseln verkneten. Diese auf der Arbeitsfläche zusammenkneten, zu einer Kugel formen, in Frischhaltefolie wickeln und mindestens 1 Std. kühlen.

2 Den Backofen auf 180° vorheizen, die Form mit Butter einfetten. Den Teig zwischen Backpapier zu einem Kreis (ca. 34 cm ∅) ausrollen. In die Form legen und dabei einen ca. 2 cm hohen Rand formen. Den Teig mit Backpapier belegen, mit den Hülsenfrüchten bedecken und im Ofen (Mitte) ca. 10 Min. vorbacken.

3 Inzwischen Eier, Crème fraîche, übrige 200 g Zucker, übrige Zitronenschale und -saft mit dem Schneebesen zu einer glatten Creme verrühren. Hülsenfrüchte und Papier abnehmen und die Creme auf den Teig gießen. Den Ofen auf 150° schalten und die Tarte ca. 50 Min. weiterbacken. In der Form abkühlen lassen. Den Backofengrill vorheizen. Die Tarte mit Puderzucker bestreuen und unter dem Grill (oben) ca. 1 Min. karamellisieren lassen. Lauwarm servieren.

ZIMTTARTE
mit Mandeln

FÜR 1 TARTEFORM (30 CM Ø, 12 STÜCKE)

125 g kalte Butter | 225 g Mehl | 230 g Zucker | Salz | 1 Eigelb (M) | 300 g gemahlene gehäutete Mandeln | 4 Eier (M) | 1 EL Zimtpulver | 100 g Sahne | Butter für die Form | 300 g getrocknete Hülsenfrüchte

Zubereitungszeit: 25 Min. + 1 Std. Kühlzeit + 45 Min. Backzeit

Pro Stück ca. 440 kcal, 11 g E, 28 g F, 37 g KH

1 Für den Mürbeteig die Butter würfeln. Mit Mehl, 70 g Zucker und 1 Prise Salz in eine Rührschüssel geben und mit den Rührbesen des Handrührgeräts glatt rühren. Eigelb und 1 EL kaltes Wasser zugeben und alles rasch zu groben Streuseln verkneten. Diese auf der Arbeitsfläche zusammenkneten und zu einer Kugel formen. Die Teigkugel in Frischhaltefolie wickeln und mindestens 1 Std. kühlen.

2 Den Backofen auf 180° vorheizen, die Form mit Butter einfetten. Den Teig nochmals durchkneten, dann zwischen zwei Bögen Backpapier zu einem Kreis (ca. 34 ∅) ausrollen. In die Form legen und dabei einen ca. 2 cm hohen Rand hochziehen. Den Teig mit Backpapier belegen, mit den Hülsenfrüchten bedecken und im Ofen (Mitte) ca. 10 Min. vorbacken.

3 Inzwischen für den Belag Mandeln und übrige 160 g Zucker in einer weiteren Rührschüssel vermischen. Eier, Zimt, 1 Prise Salz und Sahne zugeben und mit dem Schneebesen verrühren, bis sich der Zucker aufgelöst hat. Hülsenfrüchte und Papier abnehmen. Die Mandelmasse auf dem Teig verteilen und die Tarte ca. 35 Min. weiterbacken, bis sie gebräunt ist. Abgekühlt aus der Form lösen und servieren.

Gedeckter OBSTKUCHEN

FÜR 1 SPRINGFORM (26 CM Ø, 12 STÜCKE)

Für den Mürbeteig:

180 g kalte Butter
300 g Mehl
100 g Zucker
Salz
1 Ei (M)
1 Eigelb (M)

Für die Füllung:

50 g Walnusskerne
800 g Äpfel (ersatzweise Birnen oder Quitten)
1 EL Zitronensaft
70 g brauner Zucker
1 TL Zimtpulver

Außerdem:

Butter für die Form
1 Eigelb (M)
2 EL Sahne

Zubereitungszeit: 45 Min. + 1 Std. Kühlzeit + 45 Min. Backzeit
Pro Stück ca. 335 kcal, 5 g E, 18 g F, 38 g KH

1 Für den Teig die Butter würfeln. Butterwürfel, Mehl, Zucker und 1 Prise Salz in eine Rührschüssel geben und mit den Rührbesen des Handrührgeräts glatt rühren. Ei und Eigelb zufügen und alles rasch zu groben Streuseln verkneten. Diese auf der Arbeitsfläche mit den Händen zusammenkneten. Den Teig zu einer Kugel formen, in Frischhaltefolie wickeln und mindestens 1 Std. kühlen.

2 Für die Füllung die Walnüsse im Blitzhacker nicht zu fein mahlen und in eine Schüssel umfüllen. Die Äpfel schälen, vierteln und das Kerngehäuse entfernen. Die Viertel grob raspeln. Äpfel, Zitronensaft, Zucker und Zimt unter die Nüsse mischen.

3 Die Form mit Butter einfetten. Gut die Hälfte des Teiges abnehmen, zu einer Kugel formen und zwischen zwei Bögen Backpapier zu einem Kreis (ca. 32 cm ∅) ausrollen. Den Kreis in die Form legen und dabei einen ca. 3 cm hohen Rand hochziehen.

4 Den Backofen auf 180° vorheizen. Die Apfel-Nuss-Mischung auf dem Boden verteilen. Den restlichen Teig wieder zu einer Kugel formen und in Größe der Form rund ausrollen. Den Kreis mit einer Gabel mehrmals einstechen, auf die Früchte stürzen und den Teigdeckel am Rand gut andrücken.

5 Eigelb und Sahne verquirlen und den Teigdeckel damit bestreichen. Den Kuchen im Ofen (Mitte) ca. 45 Min. backen, bis er schön gebräunt ist. Etwas abkühlen lassen, dann aus der Form lösen und lauwarm oder abgekühlt servieren.

TIPP

Zu diesem köstlichen Kuchen passt ein Klecks Schlagsahne oder mit Vanillezucker verrührte Crème fraîche.

BANANENKUCHEN
mit Schokoguss

FÜR 1 GUGELHUPFFORM (24 CM Ø, 16 STÜCKE)

2 Bio-Zitronen | 4 sehr reife Bananen (ca. 350 g Fruchtfleisch) | 1 EL weißer Rum (ersatzweise Orangensaft) | 250 g weiche Butter | 4 Eier (M) | 175 g brauner Zucker | 200 g Mehl | 100 g Speisestärke | 2 TL Backpulver | Salz | 200 g Zartbitter-Kuvertüre | Butter und Mehl für die Form

Zubereitungszeit: 25 Min. + 1 Std. Backzeit
Pro Stück ca. 335 kcal, 4 g E, 19 g F, 35 g KH

1 Die Zitronen waschen, abtrocknen, von 1 Zitrone die Schale fein abreiben, dann beide Früchte auspressen. Die Bananen schälen und grob würfeln. Mit Rum, Zitronenschale und -saft in einen hohen Rührbecher geben und mit dem Pürierstab fein mixen.

2 Den Backofen auf 180° vorheizen, die Form mit Butter einfetten und mit Mehl ausstäuben. Die Butter würfeln. Mit Eiern und Zucker in eine Rührschüssel geben und mit den Rührbesen des Handrührgeräts in ca. 3 Min. glatt verrühren. Mehl, Stärke, Backpulver, 1 Prise Salz und Bananenpüree zugeben und alles in ca. 2 Min. zu einem glatten Teig vermischen. Den Teig in die Form füllen und im Ofen (Mitte) ca. 1 Std. backen. Leicht abgekühlt aus der Form lösen und auf einem Kuchengitter auskühlen lassen.

3 Die Kuvertüre grob hacken und in einer hitzebeständigen Schüssel über dem heißen Wasserbad schmelzen. Den Kuchen mit der Schokoglasur überziehen und trocknen lassen.

SCHOKOKUCHEN
mit Amarettini

FÜR 1 SPRINGFORM (26 CM Ø, 12 STÜCKE)

75 g Amarettini (ital. Mandelkekse) | 300 g Zartbitter-Schokolade | 150 g Butter | 150 g Zucker | 1 Pck. Vanillezucker | Salz | 6 Eier (M) | 100 g gemahlene gehäutete Mandeln | Puderzucker zum Bestäuben (nach Belieben) | Butter und Mehl für die Form

Zubereitungszeit: 30 Min. + 35 Min. Backzeit
Pro Stück ca. 400 kcal, 8 g E, 29 g F, 22 g KH

1 Die Amarettini in einen Gefrierbeutel geben, verschließen und mit einer Teigrolle fein zerdrücken. Die Schokolade grob hacken, die Butter würfeln. Beides in einen kleinen Topf geben und bei schwacher Hitze schmelzen. Den Topf vom Herd nehmen und die Schokobutter ca. 10 Min. abkühlen lassen.

2 Inzwischen den Backofen auf 180° vorheizen, die Form mit Butter einfetten und mit Mehl ausstäuben. Zucker, Vanillezucker und 1 Prise Salz in eine Rührschüssel geben. Die Schokobutter zufügen und alles mit den Rührbesen des Handrührgeräts ca. 3 Min. verrühren. Die Eier einzeln einrühren. Mandeln und Amarettinibrösel mit einem Küchenspatel untermischen, bis ein glatter Teig entstanden ist.

3 Den Teig in die Form füllen, glatt streichen und im Ofen (Mitte) ca. 35 Min. backen. Den Kuchen lauwarm abkühlen lassen, dann aus der Form lösen und nach Belieben mit Puderzucker bestäuben.

Eier

Beliebte BLECH-kuchen

STACHELBEER-

Kuchen mit Florentinerhaube

FÜR 1 BACKBLECH (20 STÜCKE)

Für Belag und Haube:
2 Gläser Stachelbeeren
(à 360 g Abtropfgewicht)
100 g Sahne
100 g Butter
100 g Zucker
200 g Mandelblättchen

Für den Sahneteig:
200 g Sahne
200 g Zucker
1 Pck. Vanillezucker
4 Eier (M)
200 g gemahlene Mandeln
250 g Mehl
1 Pck. Backpulver

Zubereitungszeit: 1 Std.
+ 45 Min. Backzeit
Pro Stück ca. 325 kcal,
8 g E, 21 g F, 27 g KH

1 Den Backofen auf 180° vorheizen, ein Backblech mit Backpapier belegen. Für den Belag die Stachelbeeren in ein Sieb abgießen und gut abtropfen lassen.

2 Für den Teig die Sahne in eine Rührschüssel geben und mit den Rührbesen des Handrührgeräts aufschlagen, bis sie fast steif ist. Zucker und Vanillezucker zugeben und auf mittlerer Stufe weiterrühren. Dabei die Eier einzeln unterrühren.

3 Mandeln, Mehl und Backpulver mischen und auf niedriger Stufe esslöffelweise in die Sahnemischung rühren. Den Teig mit dem Spatel gleichmäßig auf das Blech streichen. Die Beeren darauf verteilen und den Kuchen im Ofen (Mitte) ca. 20 Min. backen.

4 Inzwischen für die Florentinerhaube Sahne, Butter und Zucker in einem kleinen Topf erhitzen, bis die Masse zu kochen beginnt. Die Mandelblättchen mit dem Küchenspatel unterrühren.

5 Den Kuchen aus dem Ofen nehmen und die Mandelmasse gleichmäßig darauf verteilen. Den Kuchen sofort wieder in den heißen Ofen schieben und in weiteren 20–25 Min. goldbraun backen. Herausnehmen und leicht abkühlen lassen. Dann in Stücke schneiden und lauwarm oder kalt servieren.

ZITRONENKUCHEN *vom Blech*

FÜR 1 TIEFES BACKBLECH (20 STÜCKE)

2 Bio-Zitronen | 350 g weiche Butter | 350 g Zucker | 1 Pck. Vanillezucker | 6 Eier (M) | 350 g Mehl | 1 Pck. Backpulver | 250 g Puderzucker | Butter und Mehl für das Blech

Zubereitungszeit: 30 Min. + 22 Min. Backzeit
Pro Stück ca. 385 kcal, 4 g E, 16 g F, 56 g KH

1 Den Backofen auf 160° vorheizen, ein Backblech mit Butter einfetten und mit Mehl bestäuben. Die Zitronen heiß abwaschen und abtrocknen. Die Schale fein abreiben und den Saft auspressen.

2 Für den Rührteig Zitronenschale, Butter, Zucker und Vanillezucker in eine Rührschüssel geben und mit den Rührbesen des Handrührgeräts in ca. 3 Min. cremig rühren. Danach die Eier einzeln einrühren. Zuletzt Mehl und Backpulver zufügen und unterrühren.

3 Den Teig gleichmäßig auf das Blech streichen und im Backofen (unten) 20–22 Min. backen, bis die Oberfläche leicht gebräunt ist. Herausnehmen und auf einem Kuchengitter ganz auskühlen lassen.

4 Für den Guss Puderzucker mit 6 EL Zitronensaft in einer kleinen Schüssel glatt rühren. Den Kuchen mit dem Zitronenguss bestreichen und trocknen lassen.

Besonders lecker gefüllt mit der Vanillecreme von Seite 129.

BIENENSTICH
mit Walnüssen

FÜR 1 TIEFES BACKBLECH (20 STÜCKE)

250 g Walnusskerne | 250 g Butter | 280 g Zucker | 270 ml Milch | 1 Pck. Trockenhefe (7 g) | 1 Pck. Vanillezucker | Salz | 430 g Mehl | 2 Eier (M) | Butter für das Blech | Mehl zum Arbeiten

Zubereitungszeit: 50 Min. + 40 Min. Ruhezeit + 25 Min. Backzeit

Pro Stück ca. 325 kcal, 5 g E, 19 g F, 32 g KH

1 Für den Belag die Walnüsse im Blitzhacker fein mahlen. Die Butter in Stücke schneiden, mit 200 g Zucker in einen Topf geben und erhitzen. Die Nüsse unterrühren. Die Masse einmal aufkochen lassen, dann in eine Schüssel füllen und abkühlen lassen.

2 Für den Hefeteig 250 ml Milch lauwarm erhitzen. Milch, Hefe, übrige 80 g Zucker, Vanillezucker und 1 Prise Salz in einer Rührschüssel geben, verrühren und ca. 10 Min ruhen lassen. Danach Mehl und 1 Ei zufügen und alles mit den Knethaken des Handrührgeräts in ca. 6 Min. zu einem geschmeidigen Teig verkneten. Den Teig abgedeckt an einem warmen Ort ca. 30 Min. gehen lassen.

3 Den Backofen auf 200° vorheizen, ein Backblech mit Butter einfetten. Den Teig auf das Blech geben und mit bemehlten Händen in Blechgröße flach drücken. Das restliche Ei und die übrigen 20 ml Milch unter die Nussmasse rühren und die Masse gleichmäßig auf dem Teig verteilen. Den Kuchen im Ofen (Mitte) in 20–25 Min. hellbraun backen. Herausnehmen und auf einem Kuchengitter auskühlen lassen.

BUTTERMILCH-*kuchen*

FÜR 1 BACKBLECH (20 STÜCKE)

230 g Buttermilch | 230 g Zucker | 1 Pck. Vanillezucker | Salz | 3 Eier (M) | 260 g Mehl | 1 ½ Pck. Backpulver | 200 g Kokosraspel | 200 g Sahne

Zubereitungszeit: 30 Min. + 30 Min. Backzeit
Pro Stück ca. 285 kcal, 3 g E, 20 g F, 23 g KH

1 Den Backofen auf 175° vorheizen, ein Backblech mit Backpapier belegen. Für den Rührteig Buttermilch, 170 g Zucker, Vanillezucker, 1 Prise Salz und Eier in eine Rührschüssel geben und mit den Rührbesen des Handrührgeräts in ca. 1 Min. glatt verrühren. Mehl und Backpulver zufügen und alles zu einem glatten Teig verrühren. Den Teig auf das Backblech gießen und gleichmäßig verstreichen.

2 Für den Belag Kokosraspel und restliche 60 g Zucker mischen. Mit einem Esslöffel gleichmäßig auf den Teig verteilen und etwas andrücken. Den Kuchen im Ofen (unten) ca. 30 Min. backen, bis die Kokosraspel goldbraun sind. Herausnehmen und die Sahne mit einem Esslöffel über den noch heißen Kuchen träufeln. Auf einem Kuchengitter abkühlen lassen.

EIERLIKÖR-*kuchen*

FÜR 1 TIEFES BACKBLECH (20 STÜCKE)

250 g Zucker | 5 Eier (M) | 2 Pck. Vanillezucker | 240 ml Rapsöl | 400 ml Eierlikör | 125 g Mehl | 125 g Speisestärke | 1 Pck. Backpulver | 1 Vanilleschote | 200 g Puderzucker | 50 g Kakaopulver | Öl und Mehl für das Blech

Zubereitungszeit: 40 Min. + 25 Min. Backzeit
Pro Stück ca. 330 kcal, 4 g E, 16 g F, 39 g KH

1 Den Backofen auf 175° vorheizen, ein Backblech mit Öl einfetten und mit Mehl bestäuben. Für den Rührteig Zucker, Eier und Vanillezucker in eine Rührschüssel geben und mit den Rührbesen des Handrührgeräts in ca. 3 Min. hellschaumig rühren. Dabei nach 2 Min. das Öl und 250 ml Eierlikör langsam dazugießen. Mehl, Stärke und Backpulver zufügen und unterrühren, bis ein cremiger Teig entstanden ist. Den Teig auf dem Backblech verteilen, glatt streichen und im Ofen (Mitte) ca. 25 Min. backen. Herausnehmen und auf einem Kuchengitter auskühlen lassen.

2 Für den Guss die Vanilleschote längs aufschlitzen und das Mark herausschaben. Vanillemark, Puderzucker, Kakaopulver und übrige 150 ml Likör in eine weitere Rührschüssel geben und mit dem Schneebesen zu einem glatten Guss verrühren. Den Guss mit einem breiten Messer oder einer Palette gleichmäßig auf dem Kuchen verstreichen und fest werden lassen.

Das Öl macht den Teig besonders saftig!

Schwedischer SCHOKOLADEN-kuchen

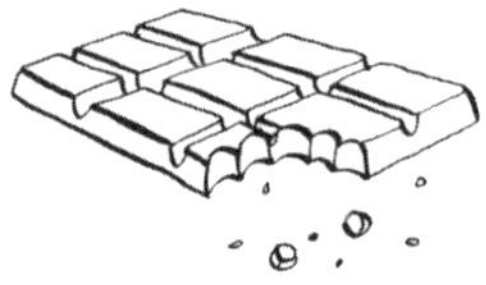

FÜR 1 BACKBLECH (20 STÜCKE)

Für den Rührteig:
200 g Butter
400 g Zucker
5 Eier (M)
300 g Mehl
30 g Kakaopulver
3 TL Backpulver

Für Glasur und Deko:
250 g Puderzucker
50 ml heißer Kaffee
80 g Butter
1 EL Kakaopulver
1 TL Vanillezucker
50 g Kokosraspel

Außerdem:
Butter und Mehl für das Blech

Zubereitungszeit: 1 Std. 20 Min. + 25 Min. Backzeit
Pro Stück ca. 340 kcal, 4 g E, 16 g F, 45 g KH

1 Den Backofen auf 210° vorheizen, ein Backblech mit Butter einfetten und mit Mehl bestäuben. Für den Teig die Butter mit 200 ml Wasser in einen Topf geben und bei mittlerer Hitze aufkochen. Vom Herd nehmen und kurz abkühlen lassen.

2 In der Zwischenzeit Zucker und Eier eine Rührschüssel geben und mit den Rührbesen des Handrührgeräts in ca. 3 Min. hellschaumig rühren. Mehl, Kakaopulver und Backpulver mischen und unterrühren. Die Butter-Wasser-Mischung dazugießen und alles zu einem glatten Teig verrühren.

3 Den Teig gleichmäßig auf dem Backblech verteilen und im Ofen (Mitte) 20–25 Min. backen. Den Kuchen aus dem Ofen nehmen und auf einem Kuchengitter vollständig auskühlen lassen.

4 Für die Glasur Puderzucker, Kaffee, Butter, Kakaopulver und Vanillezucker in einen Topf geben. Unter Rühren erwärmen, bis die Butter geschmolzen ist und sich alles zu einem glatten Guss verbunden hat. Den Guss gleichmäßig auf dem Kuchen verstreichen und ca. 10 Min. abkühlen lassen. Dann die Kokosraspel daraufstreuen und die Glasur vollständig trocknen lassen.

Zwetschgen-STREUSEL-KUCHEN

FÜR 1 TIEFES BACKBLECH (20 STÜCKE)

150 ml Milch | 1 Pck. Trockenhefe (7 g) | 180 g Zucker | Salz | 550 g Mehl | 180 g weiche Butter | 1 Ei (M) | 100 g gemahlene Haselnusskerne | 1 TL Zimtpulver | 2 kg Zwetschgen | Butter für das Blech | Mehl zum Arbeiten

Zubereitungszeit: 1 Std. + 40 Min. Ruhezeit + 35 Min. Backzeit

Pro Stück ca. 285 kcal, 5 g E, 12 g F, 40 g KH

1 Für den Hefeteig die Milch lauwarm erhitzen. Mit Hefe, 50 g Zucker und 1 Prise Salz in einer Rührschüssel verrühren und ca. 10 Min. ruhen lassen. Dann 450 g Mehl, 50 g Butter und Ei zufügen und alles mit den Knethaken des Handrührgeräts in ca. 3 Min. zu einem geschmeidigen Teig verkneten. Den Teig abgedeckt an einem warmen Ort ca. 30 Min. gehen lassen.

2 Inzwischen für die Streusel Haselnüsse, restliche 100 g Mehl, 130 g Zucker und Zimt in eine weitere Rührschüssel geben. Die übrigen 130 g Butter würfeln, zufügen und alles mit den Rührbesen des Handrührgeräts zu Streuseln verkneten. Die Zwetschgen waschen, halbieren und entsteinen. Die Hälften von oben und unten einschneiden und flach ausbreiten.

3 Den Backofen auf 200° vorheizen, ein Backblech mit Butter einfetten. Den Teig auf der bemehlten Arbeitsfläche in Blechgröße ausrollen und darauflegen. Die Zwetschgen mit der Haut nach unten dachziegelartig auf den Teig legen und die Streusel darauf verteilen. Den Kuchen im Ofen (Mitte) 30–35 Min. backen.

SCHOKO-PUDDING-*Kuchen*

FÜR 1 TIEFES BACKBLECH (20 STÜCKE)

250 g weiche Butter | 350 g Zucker | 250 g Mehl | 5 Eier (M) | 1 TL Backpulver | Salz | 1,5 l Milch | 3 Pck. Vanillepuddingpulver | 200 g Butterkekse (Fertigprodukt) | 300 g Vollmilch-Schokolade | 250 g Sahne | 50 g Kokosfett | Backrahmen

Zubereitungszeit: 40 Min. + 25 Min. Backzeit + 1 Std. Kühlzeit

Pro Stück ca. 470 kcal, 8 g E, 26 g F, 52 g KH

1 Den Backofen auf 175° vorheizen, ein Backblech mit Backpapier belegen. Für den Rührteig Butter, 230 g Zucker, Mehl, Eier, Backpulver und 1 Prise Salz mit den Rührbesen des Handrührgeräts in ca. 2 Min. zu einem cremigen Teig verrühren. Den Teig gleichmäßig auf das Blech streichen und im Ofen (Mitte) in ca. 25 Min. goldbraun backen. Herausnehmen und auf einem Kuchengitter ca. 15 Min. abkühlen lassen.

2 Inzwischen für die Füllung Milch, Puddingpulver und restliche 120 g Zucker in einem Topf mit dem Schneebesen glatt verrühren. Bei mittlerer Hitze unter Rühren aufkochen und ca. 1 Min. kochen lassen. Dann vom Herd nehmen. Den Kuchen mit dem Backrahmen umschließen, den warmen Pudding darauf verteilen und mit den Keksen bedecken. Den Kuchen ca. 15 Min. abkühlen lassen.

3 Für die Glasur die Schokolade grob hacken. Mit Sahne und Kokosfett in einem Topf bei schwacher Hitze schmelzen. Die Glasur auf die Kekse streichen und den Kuchen mindestens 30 Min. auskühlen lassen.

Cremige MOHNSCHNITTEN

FÜR 1 BACKBLECH (20 STÜCKE)

Für den All-in-one-Teig:
250 g gemahlener Blaumohn
250 g Mehl
1 Pck. Backpulver
250 g Zucker
4 Eier (M)
250 g weiche Butter
250 g saure Sahne

Für den Belag:
500 ml Milch
100 g Zucker
1 Pck. Vanillepuddingpulver
3 EL Rum
250 g weiche Butter
150 g Crème fraîche

Für die Glasur:
150 g Vollmilch-Schokolade
150 g Zartbitter-Schokolade
2 EL Rapsöl

Außerdem:
Butter und Mehl für das Blech
Backrahmen

Zubereitungszeit: 55 Min.
+ 25 Min. Backzeit
+ 30 Min. Kühlzeit
Pro Stück ca. 535 kcal,
8 g E, 39 g F, 38 g KH

1 Den Backofen auf 180° vorheizen, ein Backblech mit Butter einfetten und mit Mehl bestäuben. Für den Teig Mohn, Mehl, Backpulver, Zucker, Eier, Butter und saure Sahne in eine Rührschüssel geben und mit den Rührbesen des Handrührgeräts in ca. 2 Min. zu einem glatten Teig verrühren. Den Teig auf das Blech streichen und im Ofen (Mitte) ca. 25 Min. backen.

2 Inzwischen für den Belag Milch, Zucker und Puddingpulver in einem Topf mit dem Schneebesen verrühren, bis keine Klümpchen mehr zu sehen sind. Die Mischung bei mittlerer Hitze unter Rühren aufkochen und ca. 1 Min. kochen lassen. Den Pudding dann in eine Schüssel füllen, die Oberfläche sofort mit Frischhaltefolie bedecken und bei Raumtemperatur vollständig abkühlen lassen.

3 Den Kuchen aus dem Ofen nehmen und auf ein Kuchengitter stellen. Sofort mit dem Rum beträufeln und abkühlen lassen.

4 Die Butter für den Belag in eine Rührschüssel geben und mit den Rührbesen des Handrührgeräts in ca. 2 Min. hellcremig rühren. Dann den Pudding löffelweise unterrühren. Zuletzt die Crème fraîche auf hoher Stufe vollständig unterrühren.

5 Den Kuchen mit dem Backrahmen umschließen. Die Buttercreme darauf verteilen und ca. 30 Min. kühlen.

6 Für die Glasur die Schokolade in Stücke brechen und in einer hitzebeständigen Schüssel über dem heißen Wasserbad schmelzen. Das Öl unterrühren. Die Glasur auf die Creme geben und mit einem breiten Messer oder einer Palette gleichmäßig verstreichen. Trocknen lassen, dann den Kuchen in Stücke schneiden.

MANDARINEN-
Kuchen mit Schmand

FÜR 1 TIEFES BACKBLECH (20 STÜCKE)

Für den Quark-Öl-Teig:
300 g Mehl
1 Pck. Backpulver
150 g Magerquark
100 ml Milch
90 ml Rapsöl
75 g Zucker
1 Pck. Vanillezucker | Salz

Für Belag und Guss:
4 Dosen Mandarinen (à 175 g Abtropfgewicht)
2 Pck. Vanillepuddingpulver
100 g Zucker
750 ml Milch
500 g Schmand
200 g Puderzucker
2 EL Zitronensaft

Außerdem:
Öl für das Blech
Backrahmen

Zubereitungszeit: 1 Std. + 40 Min. Backzeit
Pro Stück ca. 295 kcal, 5 g E, 12 g F, 42 g KH

1 Den Backofen auf 180° vorheizen, ein Backblech mit Öl einfetten. Für den Teig Mehl, Backpulver, Quark, Milch, Öl, Zucker, Vanillezucker und 1 Prise Salz in eine Rührschüssel geben und mit den Rührbesen des Handrührgeräts in ca. 1 Min. zu einem Teig verrühren. Den Teig mit dem Spatel auf dem Backblech zu einem dünnen Boden verstreichen und mit dem Backrahmen umschließen.

2 Für den Belag die Mandarinen in ein Sieb abgießen und abtropfen lassen. Puddingpulver, Zucker und Milch in einem Topf mit dem Schneebesen verrühren, bis keine Klümpchen mehr zu sehen sind. Die Mischung bei mittlerer Hitze unter Rühren aufkochen und ca. 1 Min. kochen lassen. Den Pudding dann vom Herd nehmen und den Schmand unterrühren.

3 Die Schmandcreme auf dem Teig verstreichen und die Mandarinen gleichmäßig darauf verteilen. Den Kuchen im Ofen (Mitte) ca. 40 Min. backen. Herausnehmen und auf einem Kuchengitter ganz auskühlen lassen. Danach den Backrahmen vorsichtig mithilfe eines Messers lösen und entfernen.

4 Für den Guss den Puderzucker mit dem Zitronensaft in einer Schüssel glatt rühren. Den Guss mit einem Teelöffel in Streifen oder Klecksen auf den Kuchen träufeln.

TIPP

Abwechslung gefällig? Dann legen Sie Pfirsichspalten aus der Dose, Kirschen aus dem Glas oder TK-Himbeeren auf die Schmandcreme. Und im Herbst schmeckt der Kuchen mit halbierten Zwetschgen.

ERDBEERBISKUIT

mit Vanillecreme

FÜR 1 TIEFES BACKBLECH (20 STÜCKE)

Für den Belag:
400 ml Milch
60 g Zucker
1 Pck. Vanillepuddingpulver
200 g weiche Butter
20 g Puderzucker
60 g Erdbeerkonfitüre

Für den Biskuit:
6 Eier (M)
225 g Zucker
1 ½ Pck. Vanillezucker
150 g Mehl
1 Pck. Erdbeerpuddingpulver
2 TL Backpulver

Für den Guss:
250 g Erdbeer-Fruchtsaftgetränk
60 g Zucker
2 Pck. roter Tortenguss

Zubereitungszeit: 1 Std.
+ 15 Min. Backzeit
+ 55 Min. Kühlzeit
Pro Stück ca. 245 kcal,
4 g E, 11 g F, 33 g KH

1 Für den Belag Milch, Zucker und Puddingpulver in einem Topf mit dem Schneebesen verrühren, bis keine Klümpchen mehr zu sehen sind. Die Mischung bei mittlerer Hitze unter Rühren aufkochen und ca. 1 Min. kochen lassen. Den Pudding dann in eine Schüssel umfüllen, die Oberfläche sofort mit Frischhaltefolie bedecken und bei Raumtemperatur abkühlen lassen.

2 Den Backofen auf 200° vorheizen, ein Backblech mit Backpapier belegen. Für den Biskuit die Eier trennen. Die Eiweiße mit Zucker und Vanillezucker in eine Rührschüssel geben und mit den Rührbesen des Handrührgeräts in ca. 2 Min. hellcremig, aber nicht steif aufschlagen. Eigelbe, Mehl, Puddingpulver und Backpulver zugeben und alles behutsam zu einem glatten Teig verrühren.

3 Den Teig gleichmäßig auf dem Backblech verstreichen und im Ofen (Mitte) ca. 15 Min. backen. Danach herausnehmen und auf einem Kuchengitter abkühlen lassen.

4 In der Zwischenzeit für den Belag Butter und Puderzucker in einer weiteren Rührschüssel mit den Rührbesen des Handrührgeräts in ca. 2 Min. cremig rühren. Dann Konfitüre und Pudding löffelweise unterrühren. Die Creme gleichmäßig auf dem Biskuitboden verteilen und den Kuchen ca. 45 Min. kühlen.

5 Für den Guss Erdbeer-Fruchtsaftgetränk, 250 ml Wasser, Zucker und Tortenguss in einem Topf mit dem Schneebesen verrühren. Die Mischung unter Rühren aufkochen und ca. 1 Min. kochen lassen. Dann vom Herd nehmen und ca. 10 Min. abkühlen lassen. Den Guss gleichmäßig auf den Kuchen streichen und fest werden lassen.

Schmeckt gut
gekühlt am besten.

MANDELBISKUIT
mit Himbeercreme

FÜR 1 BACKBLECH (20 STÜCKE)

Für den Biskuit:

5 Eier (M)
125 g Zucker
200 g gemahlene gehäutete Mandeln
1 TL Backpulver
20 g Mehl
4 Tropfen Bittermandelöl

Für den Belag:

8 Blatt Gelatine
600 g Himbeeren
200 g Sahne
500 g Joghurt
60 g Himbeersirup
300 g Magerquark
2 EL Zucker

Außerdem:

3 EL gehackte Pistazien
2 EL Puderzucker
Backrahmen

Zubereitungszeit: 50 Min.
+ 12 Min. Backzeit
+ 2 Std. Kühlzeit
Pro Stück ca. 215 kcal,
9 g E, 12 g F, 17 g KH

1 Den Backofen auf 200° vorheizen, ein Backblech mit Backpapier belegen. Für den Biskuit Eier und Zucker in eine Rührschüssel geben und mit den Rührbesen des Handrührgeräts in ca. 3 Min. hellschaumig rühren. Mandeln, Backpulver, Mehl und Bittermandelöl unterrühren. Den Teig auf das Backblech streichen und im Ofen (Mitte) ca. 12 Min. backen. Danach herausnehmen und auf einem Kuchengitter abkühlen lassen.

2 Für den Belag die Gelatine ca. 5 Min. in kaltem Wasser einweichen. Die Himbeeren verlesen, bei Bedarf waschen und trocken tupfen. Die Sahne in einen hohen Rührbecher geben und mit dem Handrührgerät steif schlagen, dann kühl stellen.

3 Den Biskuitboden mit dem Backrahmen umschließen und die Himbeeren darauf verteilen. Joghurt, Himbeersirup, Quark und Zucker in einer Schüssel verrühren.

4 Die Gelatine tropfnass in einen Topf geben und bei schwacher Hitze auflösen. Von der Joghurtmasse 4 EL abnehmen und unter die Gelatine rühren. Die Gelatine dann zur Joghurtmasse geben und alles mit dem Schneebesen glatt rühren. Die Sahne mit dem Küchenspatel unterheben und die Creme gleichmäßig auf den Himbeeren verstreichen. Den Kuchen ca. 2 Std. kühlen und die Creme gelieren lassen. Mit Pistazien und Puderzucker bestreut servieren.

BROWNIES vom Blech

FÜR 1 TIEFES BACKBLECH (48 STÜCKE)

200 g Vollmilch-Schokolade | 500 g Butter | 60 g Kakaopulver | 1 Pck. Vanillezucker | 600 g Zucker | 8 Eier (M) | 200 g gemahlene Mandeln | 250 g Mehl | Butter und Mehl für das Blech

Zubereitungszeit: 30 Min. + 30 Min. Backzeit

Pro Stück ca. 210 kcal, 3 g E, 14 g F, 19 g KH

1 Den Backofen auf 200° vorheizen, ein Backblech mit Butter einfetten und mit Mehl bestäuben. Die Schokolade grob hacken, die Butter in Stücke schneiden. Beides in einen kleinen Topf geben und bei schwacher Hitze schmelzen. Schokobutter, Kakao, Vanillezucker und Zucker in eine Rührschüssel geben und mit dem Schneebesen glatt rühren. Eier, Mandeln und Mehl zufügen und alles mit den Rührbesen des Handrührgeräts in ca. 2 Min. zu einem Teig verrühren.

2 Den Teig auf dem Backblech verteilen, glatt streichen und im Ofen (Mitte) ca. 30 Min. backen. Herausnehmen und auf einem Kuchengitter auskühlen lassen. Danach in 5 × 5 cm große Würfel schneiden.

ZUCKER-kuchen

FÜR 1 TIEFES BACKBLECH (20 STÜCKE)

210 ml Milch | 42 g frische Hefe (1 Würfel) | 240 g Zucker | 220 g Butter | 1 TL Vanillezucker | Salz | 500 g Weizenmehl (Type 550) | 1 Ei (M) | Butter für das Blech | Mehl zum Arbeiten

Zubereitungszeit: 25 Min. + 1 Std. Ruhezeit + 15 Min. Backzeit

Pro Stück ca. 230 kcal, 4 g E, 10 g F, 31 g KH

1 Für den Hefeteig die Milch lauwarm erhitzen. Milch, Hefe, 90 g Zucker, 90 g Butter in Stücken, Vanillezucker und 1 Prise Salz in einer Rührschüssel verrühren und ca. 10 Min. ruhen lassen. Die restliche Butter kühlen. Dann Mehl und Ei zufügen und alles mit den Knethaken des Handrührgeräts in ca. 6 Min. zu einem geschmeidigen Teig verkneten. Abgedeckt an einem warmen Ort ca. 30 Min. gehen lassen.

2 Ein Backblech mit Butter einfetten. Den Teig auf der bemehlten Arbeitsfläche in Größe des Blechs ausrollen und darauflegen. Dann mit den Fingerspitzen in regelmäßigen Abständen kleine Mulden in den Teig drücken. Die restlichen 130 g kalte Butter in Flöckchen auf dem Teig verteilen und mit den übrigen 150 g Zucker bestreuen. Erneut ca. 20 Min. gehen lassen.

3 Inzwischen den Backofen auf 200° vorheizen. Den Kuchen im Ofen (Mitte) ca. 15 Min. backen. Danach auf einem Kuchengitter auskühlen lassen.

Schoko-STREUSELKUCHEN mit Pfirsich

FÜR 1 TIEFES BACKBLECH (20 STÜCKE)

Für den Belag:

2 Dosen Tortenpfirsiche (à 490 g Abtropfgewicht)
5 Eier (M)
150 g Zucker
Salz
750 g Magerquark
250 g Mascarpone
1 Pck. Vanillepuddingpulver
100 ml Orangensaft

Für den Mürbeteig:

40 g Zartbitter-Schokolade
370 g Butter
640 g Mehl
30 g Kakaopulver
280 g Zucker

Zubereitungszeit: 40 Min. + 55 Min. Backzeit
Pro Stück ca. 480 kcal, 11 g E, 24 g F, 54 g KH

1 Für den Belag die Pfirsiche in ein Sieb abgießen und bis zur Verwendung abtropfen lassen. Den Backofen auf 200° vorheizen, ein Backblech mit Backpapier belegen.

2 Für den Teig die Schokolade grob raspeln und beiseitestellen. Die Butter schmelzen und mit 540 g Mehl, Kakao und Zucker in eine Rührschüssel geben. Alles mit den Rührbesen des Handrührgeräts glatt rühren, dann die geraspelte Schokolade zügig untermischen.

3 Zwei Drittel des Teiges auf das Blech geben und mit der Hand zu einem Boden in Blechgröße flach drücken. Die restlichen 100 g Mehl zum übrigen Teigdrittel geben und mit den Rührbesen des Handrührgeräts rasch zu groben Streuseln verkneten.

4 Für den Belag Eier, Zucker und 1 Prise Salz in eine weitere Rührschüssel geben und mit dem Handrührgerät schaumig rühren. Quark, Mascarpone, Puddingpulver und Orangensaft zufügen und alles zu einer glatten Creme verrühren.

5 Die Creme auf dem Boden verstreichen und die Pfirsiche gleichmäßig darauf verteilen. Die Streusel darüberstreuen und den Kuchen im Ofen (Mitte) 50–55 Min. backen. Herausnehmen und auf einem Kuchengitter auskühlen lassen.

MOHNKUCHEN
mit Streuseln

FÜR 1 BACKBLECH (20 STÜCKE)

Für den Hefeteig:
200 ml Milch
1 Pck. Trockenhefe (7 g)
50 g Zucker
1 Pck. Vanillezucker
Salz
380 g Mehl
50 g weiche Butter
1 Ei (M)

Für den Belag:
175 g kalte Butter
200 g Mehl
230 g Zucker
1 Pck. Vanillezucker
500 g gemahlener Blaumohn
400 ml Milch
25 g Marzipanrohmasse
½ TL Zimtpulver

Außerdem:
Mehl zum Arbeiten

Zubereitungszeit: 55 Min.
+ 30 Min. Ruhezeit
+ 45 Min. Backzeit
Pro Stück 390 kcal,
10 g E, 22 g F, 38 g KH

1 Den Backofen auf 200° vorheizen, ein Backblech mit Backpapier belegen. Für den Teig die Milch lauwarm erhitzen. Milch, Hefe, Zucker, Vanillezucker, 1 Prise Salz, Mehl, Butter und Ei in eine Rührschüssel geben und mit den Knethaken des Handrührgeräts in ca. 2 Min. zu einem Teig verrühren. Den Teig mit bemehlten Händen auf dem Backblech zu einem Boden in Blechgröße flach drücken und an einem warmen Ort ca. 30 Min. gehen lassen.

2 Für den Belag 100 g Butter in Stücke schneiden. Butterstücke, Mehl, 100 g Zucker und Vanillezucker in eine Rührschüssel geben und mit den Rührbesen des Handrührgeräts rasch zu Streuseln verkneten. Die Streusel bis zur Vewendung beiseitestellen.

3 Mohn, Milch, übrige 130 g Zucker und 75 g Butter, Marzipan und Zimt in einem Topf bei mittlerer Hitze aufkochen und ca. 8 Min. kochen lassen. Dabei ständig mit dem Schneebesen rühren. Die Mohnmasse vom Herd nehmen und ca. 10 Min. abkühlen lassen.

4 Die abgekühlte Mohnmasse gleichmäßig auf den Teig streichen. Die Streusel darauf verteilen und den Kuchen im Ofen (Mitte) ca. 45 Min. backen. Herausnehmen und auf einem Kuchengitter auskühlen lassen. Dann in Stücke schneiden und servieren.

TIPP

Dieser Kuchen eignet sich perfekt zum Tiefkühlen. Dafür in Stücke schneiden und in Gefrierbeutel verpacken. Braucht zum Auftauen ca. 5 Std. bei Raumtemperatur. Wesentlich schneller: die Stücke im Backofen bei 150° in 10–15 Min. aufbacken.

Mit selbst gemachter
Mohnfüllung

Konfitüre
Konfitüre
Konfitüre
Konfitüre

Süße TEILCHEN auf die Hand

Knusprige STREUSELTALER

FÜR 12 STÜCK

Für den Hefeteig:
21 g frische Hefe (½ Würfel)
40 g Zucker
Salz
500 g Mehl
140 g weiche Butter
3 Eier (M)

Für die Streusel:
130 g kalte Butter
220 g Mehl
120 g Zucker
2 TL Vanillezucker

Für die Füllung:
200 g Quark (20 % Fett)
2 Eier (M)
2 EL Zucker
½ Pck. Vanillepuddingpulver

Außerdem:
Mehl zum Arbeiten

Zubereitungszeit: 40 Min.
+ 55 Min. Ruhezeit
+ 40 Min. Backzeit
Pro Stück ca. 500 kcal,
11 g E, 24 g F, 61 g KH

1 Für den Teig Hefe, Zucker, 1 Prise Salz und 70 ml warmes Wasser in einer Rührschüssel verrühren und ca. 10 Min. ruhen lassen. Danach Mehl, Butter und Eier zugeben und alles mit den Knethaken des Handrührgeräts in ca. 4 Min. zu einem geschmeidigen Teig verkneten. Den Teig mit einem Geschirrtuch abdecken und an einem warmen Ort ca. 45 Min. gehen lassen.

2 Für die Streusel die Butter in Stücke schneiden. Mit Mehl, Zucker und Vanillezucker in eine Rührschüssel geben und mit den Rührbesen des Handrührgeräts rasch zu Streuseln verkneten.

3 Für die Füllung Quark, Eier, Zucker und Vanillepuddingpulver in einer Rührschüssel mit dem Schneebesen glatt rühren.

4 Den Backofen auf 200° vorheizen, zwei Backbleche mit Backpapier belegen. Den Hefeteig auf der bemehlten Arbeitsfläche kurz mit den Händen durchkneten und in 12 Stücke teilen. Jedes Teigstück mit dem Handballen zu einem Kreis (ca. 10 cm ∅) flach drücken und auf die Bleche legen.

5 Die Kreise mit der Quarkcreme bestreichen, die Streusel darauf verteilen und leicht andrücken. Die Streuseltaler nacheinander im Ofen (Mitte) 15–20 Min. backen. Herausnehmen, mit dem Papier vom Blech ziehen und auf einem Kuchengitter auskühlen lassen.

Original AMERIKANER

FÜR 12 STÜCK

100 g weiche Butter | 100 g Zucker | 2 Eier (M) | 1 Pck. Vanillezucker | 250 g Mehl | 1 Pck. Vanillepuddingpulver | 3 TL Backpulver | 40 ml Milch | 180 g Puderzucker | ½ Zitrone

Zubereitungszeit: 40 Min. + 15 Min. Backzeit
Pro Stück ca. 260 kcal, 4 g E, 8 g F, 42 g KH

1 Den Backofen auf 180° vorheizen, ein Backblech mit Backpapier belegen. Butter, Zucker, Eier und Vanillezucker in eine Rührschüssel geben und mit den Rührbesen des Handrührgeräts auf höchster Stufe in ca. 3 Min. hellcremig rühren. Mehl, Puddingpulver, Backpulver und Milch zufügen und alles zügig zu einem cremigen Teig verrühren.

2 Vom Teig jeweils 1 gehäuften Esslöffel abnehmen und mit einem zweiten Esslöffel als Häufchen auf das Backblech setzen. Die Amerikaner im Ofen (Mitte) in ca. 15 Min. hellbraun backen. Herausnehmen, mit dem Papier vom Backblech ziehen und auf einem Kuchengitter auskühlen lassen.

3 Inzwischen für den Guss den Puderzucker in eine Schale sieben. Die Zitrone auspressen, 3 EL Zitronensaft zum Puderzucker geben und zu einem dickflüssigen Guss verrühren. Die Amerikaner umdrehen und auf der flachen Seite möglichst dick mit dem Guss bestreichen. Vollständig trocknen lassen.

BERLINER
mit Erdbeer

FÜR 12 STÜCK

200 ml Milch | 42 g frische Hefe (1 Würfel) | 50 g Zucker | 50 g Butter | Salz | 1 TL Vanillezucker | 600 g Mehl | 2 Eier (M) | 2 Eigelb (M) | 2 l Frittieröl | 120 g Erdbeerkonfitüre | 2 EL Puderzucker | Mehl zum Arbeiten | Ausstecher (rund, 7 cm ∅) | Spritzbeutel mit Fülltülle für Berliner

Zubereitungszeit: 1 Std. 30 Min.
+ 1 Std. 10 Min. Ruhezeit

Pro Stück ca. 385 kcal, 8 g E, 17 g F, 51 g KH

1 Die Milch lauwarm erhitzen. Milch, Hefe, Zucker, Butter, 1 Prise Salz und Vanillezucker verrühren und ca. 10 Min ruhen lassen. Mehl, Eier und Eigelbe zugeben und mit den Knethaken des Handrührgeräts in ca. 3 Min. zu einem geschmeidigen Teig verkneten. Den Teig ca. 30 Min. gehen lassen. Dann durchkneten, auf der bemehlten Arbeitsfläche 1,5 cm dick ausrollen und 12 Kreise ausstechen. Ca. 30 Min. gehen lassen.

2 Inzwischen das Öl in einem Topf oder einer Fritteuse auf 170° erhitzen. Es ist heiß genug, wenn an einem hineingehaltenen Holzstäbchen sofort kleine Blasen aufsteigen. Jeweils 4 Teigkreise vorsichtig in das heiße Fett legen und von jeder Seite in ca. 3 Min. goldbraun frittieren. Herausnehmen und auf Küchenpapier entfetten, dann auf einem Kuchengitter auskühlen lassen.

3 In jeden Berliner mit der Fülltülle ein kleines Loch stechen. Die Konfitüre glatt rühren, in den Spritzbeutel füllen und die Berliner gleichmäßig damit füllen. Mit Puderzucker bestäuben und frisch servieren.

Mandel-HÖRNCHEN mit Schokocreme

FÜR 12 STÜCK

Für den Quark-Öl-Teig:
100 g gemahlene Mandeln
200 g Mehl
1 Pck. Backpulver
75 g Zucker
50 ml Milch
50 ml Rapsöl
150 g Magerquark
Salz

Für die Füllung:
120 g Haselnuss-Nugat-Creme (Fertigprodukt)
3 EL Schokoladenraspel

Zum Bestreichen:
1 Eigelb (M)
1 EL Milch
3 EL Mandelblättchen

Außerdem:
Mehl zum Arbeiten

Zubereitungszeit: 40 Min. + 20 Min. Backzeit
Pro Stück ca. 285 kcal, 8 g E, 16 g F, 28 g KH

1 Den Backofen auf 200° vorheizen, ein Backblech mit Backpapier belegen. Für den Teig Mandeln, Mehl, Backpulver, Zucker, Milch, Öl, Quark und 1 Prise Salz in eine Rührschüssel geben und mit den Rührbesen des Handrührgeräts zu einem glatten Teig verkneten.

2 Den Teig mit den Händen zu einer Kugel formen und auf der bemehlten Arbeitsfläche zu einem Kreis (ca. 30 cm ∅) ausrollen.

3 Für die Füllung den Teigkreis gleichmäßig mit der Haselnuss-Nugat-Creme bestreichen und mit den Schokoraspeln bestreuen.

4 Den Kreis dann wie eine Torte mit einem Messer in 16 Dreiecke schneiden. Die Dreiecke jeweils von der breiten Seite her aufrollen und mit der Spitze nach unten auf das Backblech legen.

5 Eigelb und Milch verquirlen und die Oberfläche der Hörnchen damit bestreichen. Die Hörnchen mit den Mandelblättchen bestreuen und im Ofen (Mitte) 17–20 Min. backen. Herausnehmen, mit dem Papier vom Blech ziehen und auf einem Kuchengitter auskühlen lassen. Am besten frisch servieren.

Pudding-SCHNECKEN

FÜR 15 STÜCK

Für die Füllung:
650 ml Milch
80 g Zucker
2 Pck. Vanillepuddingpulver
100 g Rosinen

Für den Hefeteig:
130 ml Milch
1 Pck. Trockenhefe (7 g)
50 g Zucker
1 Pck. Vanillezucker
80 g weiche Butter
Salz
500 g Mehl
1 Ei (M)

Außerdem:
Mehl zum Arbeiten
4 EL Aprikosenkonfitüre

Zubereitungszeit: 55 Min.
+ 1 Std. Ruhezeit
+ 30 Min. Backzeit
Pro Stück ca. 285 kcal,
6 g E, 7 g F, 49 g KH

1 Für die Füllung Milch, Zucker und Puddingpulver in einen Topf geben und mit dem Schneebesen verrühren, bis keine Klümpchen mehr zu sehen sind. Die Mischung bei mittlerer Hitze unter Rühren aufkochen und ca. 1 Min. kochen lassen. Dann vom Herd nehmen und die Rosinen einrühren. Den Pudding in eine Schüssel umfüllen und die Oberfläche sofort mit Frischhaltefolie bedecken.

2 Für den Teig die Milch lauwarm erhitzen. Milch, Hefe, Zucker, Vanillezucker, Butter und 1 Prise Salz in eine Rührschüssel geben, verrühren und ca. 10 Min. ruhen lassen. Dann Mehl und Ei zufügen und alles mit den Knethaken des Handrührgeräts in ca. 3 Min. zu einem geschmeidigen Teig verkneten. Den Hefeteig abgedeckt an einem warmen Ort ca. 30 Min. gehen lassen.

3 Zwei Backbleche mit Backpapier belegen. Den Hefeteig auf der bemehlten Arbeitsfläche zu einem Rechteck (ca. 30 × 40 cm) ausrollen. Die Puddingcreme gleichmäßig daraufstreichen und dabei einen 3 cm breiten Rand lassen. Den Rand mit etwas Wasser bestreichen. Den Teig von der Längsseite her aufrollen und mit einem Messer in 2–3 cm dicke Scheiben schneiden. Die Scheiben auf die Backbleche legen und nochmals ca. 20 Min. gehen lassen.

4 Inzwischen den Backofen auf 200° vorheizen. Die Schnecken nacheinander im Ofen (Mitte) ca. 15 Min. backen. Die Aprikosenkonfitüre mit 1 EL Wasser glatt rühren. Die Schnecken aus dem Ofen nehmen und noch warm mit der Konfitüre bestreichen.

Noch lauwarm genießen!

ZIMTSCHNECKEN zum Wohlfühlen

FÜR 15 STÜCK

Für den Hefeteig:
130 ml Milch
42 g frische Hefe (1 Würfel)
100 g Zucker
Salz
1 TL gemahlener Kardamom
500 g Mehl
80 g weiche Butter
1 Ei (M)

Für die Füllung:
60 g Zucker
2 TL Zimtpulver
50 g sehr weiche Butter

Außerdem:
Mehl zum Arbeiten
4 EL Hagelzucker

Zubereitungszeit: 45 Min.
+ 1 Std. Ruhezeit
+ 50 Min. Backzeit
Pro Stück ca. 255 kcal,
5 g E, 8 g F, 40 g KH

1 Für den Teig die Milch lauwarm erhitzen. Milch, Hefe, Zucker, 1 Prise Salz und Kardamom in eine Rührschüssel geben, verrühren und ca. 10 Min. ruhen lassen. Dann Mehl, Butter und Ei zufügen und alles mit den Knethaken des Handrührgeräts in ca. 2 Min. zu einem geschmeidigen Teig verkneten. Den Teig abgedeckt an einem warmen Ort ca. 30 Min. gehen lassen.

2 Zwei Backbleche mit Backpapier belegen. Für die Füllung Zucker und Zimt vermischen. Den Teig auf der bemehlten Arbeitsfläche zu einem Rechteck (ca. 30 × 40 cm) ausrollen. Das Rechteck gleichmäßig mit der weichen Butter bestreichen und dabei einen 3 cm breiten Rand lassen. Den Zimtzucker gleichmäßig auf den Teig streuen und den Rand mit etwas Wasser bestreichen.

3 Den Teig von der Längsseite her aufrollen und mit einem Messer in 2–3 cm dicke Scheiben schneiden. Die Scheiben auf die Bleche legen, mit Hagelzucker bestreuen und ca. 20 Min. gehen lassen.

4 Inzwischen den Backofen auf 200° vorheizen. Die Schnecken nacheinander im Ofen (Mitte) in 20–25 Min. goldgelb backen. Herausnehmen, mit dem Papier vom Blech ziehen und auf einem Kuchengitter auskühlen lassen. Am besten frisch servieren.

Hefe-Mohn-SCHNECKEN

FÜR 15 STÜCK

Für den Hefeteig:

150 ml Milch
21 g frische Hefe (1/2 Würfel)
50 g Zucker
80 g weiche Butter
Salz
600 g Mehl
1 Ei (M)

Für die Füllung:

125 g gemahlener Blaumohn
70 ml Milch
30 g weiche Butter
40 g Zucker

Außerdem:

Mehl zum Arbeiten
50 g Puderzucker

Zubereitungszeit: 1 Std.
+ 1 Std. Ruhezeit
+ 50 Min. Backzeit
Pro Stück ca. 245 kcal,
7 g E, 9 g F, 33 g KH

1 Für den Teig die Milch lauwarm erhitzen. Milch, Hefe, Zucker, Butter und 1 Prise Salz in eine Rührschüssel geben, verrühren und ca. 10 Min. ruhen lassen. Danach Mehl und Ei zufügen und alles mit den Knethaken des Handrührgeräts in ca. 6 Min. zu einem geschmeidigen Teig verkneten. Den Teig abgedeckt an einem warmen Ort ca. 30 Min. gehen lassen.

2 Für die Füllung Mohn, Milch, Butter und Zucker in einem Topf verrühren und bei starker Hitze aufkochen. Dann bei schwacher Hitze ca. 4 Min. köcheln lassen, dabei gelegentlich umrühren. Die Mohnmasse vom Herd nehmen und ca. 5 Min. quellen lassen.

3 Inzwischen zwei Backbleche mit Backpapier belegen. Den Hefeteig auf der bemehlten Arbeitsfläche zu einem Rechteck (ca. 30 × 40 cm) ausrollen. Die Mohnmasse gleichmäßig daraufstreichen und dabei einen 3 cm breiten Rand lassen. Den Rand mit etwas Wasser bestreichen. Den Teig von der Längsseite her aufrollen und in 2–3 cm dicke Scheiben schneiden. Die Scheiben auf die Bleche legen und nochmals ca. 20 Min. gehen lassen.

4 Inzwischen den Backofen auf 200° vorheizen. Die Schnecken nacheinander im Ofen (Mitte) 20–25 Min. backen. Herausnehmen und auf einem Kuchengitter auskühlen lassen.

5 Den Puderzucker in einer Schale mit 1 EL Wasser zu einem glatten Guss verrühren. Den Guss in Streifen über die Schnecken träufeln und trocknen lassen. Am besten frisch servieren.

HASELNUSS-schnecken

FÜR 15 STÜCK

Für den Hefeteig:

130 ml Milch
21 g frische Hefe (1/2 Würfel)
60 g Zucker
80 g weiche Butter
Salz
1 TL gemahlener Kardamom
500 g Mehl
1 Eigelb (M)

Für die Füllung:

150 g gemahlene Haselnusskerne
60 g Zucker
2 TL Zimtpulver
70 ml Milch
100 g weiche Butter

Außerdem:

Mehl zum Arbeiten

Zubereitungszeit: 40 Min.
+ 1 Std. Ruhezeit
+ 40 Min. Backzeit
Pro Stück ca. 320 kcal,
6 g E, 17 g F, 34 g KH

1 Für den Teig die Milch lauwarm erhitzen. Milch, Hefe, Zucker, Butter, 1 Prise Salz und Kardamom in eine Rührschüssel geben, verrühren und ca. 10 Min. ruhen lassen. Dann Mehl und Eigelb zufügen und alles mit den Knethaken des Handrührgeräts in ca. 6 Min. zu einem geschmeidigen Teig verkneten. Den Teig abgedeckt an einem warmen Ort ca. 30 Min. gehen lassen.

2 Für die Füllung Haselnüsse, Zucker, Zimt, Milch und Butter in eine Rührschüssel geben und mit den Rührbesen des Handrührgeräts zu einer glatten Masse verrühren.

3 Zwei Backbleche mit Backpapier belegen. Den Hefeteig auf der bemehlten Arbeitsfläche zu einem Rechteck (ca. 30 × 40 cm) ausrollen. Die Nussmasse gleichmäßig daraufstreichen und dabei einen 3 cm breiten Rand lassen. Den Rand mit etwas Wasser bestreichen.

4 Den Teig zuerst längs zusammenklappen und dann von der offenen Seite her aufrollen. Die Rolle mit einem Messer in 2–3 cm dicke Scheiben schneiden. Die Scheiben auf die Backbleche legen und nochmals ca. 20 Min. gehen lassen.

5 Inzwischen den Backofen auf 200° vorheizen. Die Schnecken nacheinander im Ofen (Mitte) in 15–20 Min. goldgelb backen. Herausnehmen, mit dem Papier vom Blech ziehen und auf einem Kuchengitter auskühlen lassen. Am besten frisch servieren.

Rhabarber-Vanille-Muffins

FÜR 1 12ER-MUFFINFORM

400 g Rhabarber | 155 g Zucker | 100 g weiche Butter | ½ gemahlene Vanille | 2 Eier (M) | 100 g saure Sahne | 225 g Mehl | 1 TL Backpulver | Salz | Puderzucker zum Bestäuben | 12 Muffin-Papierförmchen

Zubereitungszeit: 20 Min. + 25 Min. Backzeit

Pro Muffin ca. 220 kcal, 4 g E, 9 g F, 31 g KH

1 Den Backofen auf 180° vorheizen, die Papierförmchen in die Mulden der Muffinform setzen. Den Rhabarber waschen, putzen und in 1 cm breite Stücke schneiden. Die Stücke mit 30 g Zucker mischen.

2 Die Butter in Stücke schneiden. Mit den übrigen 125 g Zucker, Vanille, Eiern, saurer Sahne, Mehl, Backpulver und 1 Prise Salz in eine Rührschüssel geben und mit den Rührbesen des Handrührgeräts zu einem cremigen Teig verrühren. Den Rhabarber zugeben und mit dem Küchenspatel unterheben.

3 Den Teig in die Förmchen füllen und im Ofen (Mitte) ca. 25 Min. backen. Leicht abgekühlt aus der Form lösen und mit Puderzucker bestäubt servieren.

Heidelbeer-Muffins

FÜR 1 12ER-MUFFINFORM

250 g Heidelbeeren | 225 g Vollkorn-Dinkelmehl | 100 g weiche Butter | 125 g Zucker | 2 Eier (M) | 125 g Buttermilch | 1 TL Backpulver | Salz | Puderzucker zum Bestäuben | 12 Muffin-Papierförmchen

Zubereitungszeit: 15 Min. + 25 Min. Backzeit

Pro Muffin ca. 205 kcal, 5 g EW, 8 g F, 28 g KH

1 Den Backofen auf 180° vorheizen, die Papierförmchen in die Mulden der Muffinform setzen. Die Heidelbeeren waschen und abtropfen lassen. Mehl, Butter in Stücken, Zucker, Eier, Buttermilch, Backpulver und 1 Prise Salz in eine Rührschüssel geben und mit den Rührbesen des Handrührgeräts zu einem glatten Teig verrühren. Zuletzt die Heidelbeeren mit dem Küchenspatel vorsichtig unterheben.

2 Den Teig in die Förmchen füllen und im Ofen (Mitte) ca. 25 Min. backen. Leicht abgekühlt aus der Form lösen und mit Puderzucker bestäubt servieren.

TIPP

Das Mehl können Sie nach Lust und Laune variieren. Auch eine Mischung aus 175 g Vollkorn-Dinkelmehl und 50 g Buchweizen- oder Maismehl passt prima zu den Heidelbeeren.

Quark-KRAPFEN

FÜR 25 STÜCK

250 g Mehl | 275 g Zucker | 2 Pck. Vanillezucker | 250 g Quark (20 % Fett) | 3 Eier (M) | 1 Pck .Backpulver | 1 EL Rum | 1,5 l Frittieröl | 1 TL Zimtpulver

Zubereitungszeit: 1 Std. 20 Min.

Pro Stück ca. 200 kcal, 3 g E, 12 g F, 19 g KH

1 Mehl, 125 g Zucker, Vanillezucker, Quark, Eier, Backpulver und Rum in eine Rührschüssel geben und mit den Rührbesen des Handrührgeräts zu einem cremigen Teig verrühren.

2 Das Frittieröl in einem hohen Topf oder einer Fritteuse auf 170° erhitzen. Es ist heiß genug, wenn an einem hineingehaltenen Holzstäbchen sofort kleine Blasen aufsteigen. Mit zwei Esslöffeln vom Teig jeweils 5 Portionen abstechen, vorsichtig in das heiße Fett gleiten lassen und unter Wenden in ca. 4 Min. goldbraun frittieren. Die Krapfen mit einer Schöpfkelle herausheben und kurz auf Küchenpapier entfetten. Mit dem restlichen Teig wiederholen.

3 Die restlichen 150 g Zucker mit dem Zimt in einer Schale mischen. Die noch heißen Krapfen im Zimtzucker wenden und warm oder kalt servieren.

CHURROS mit Zimtzucker

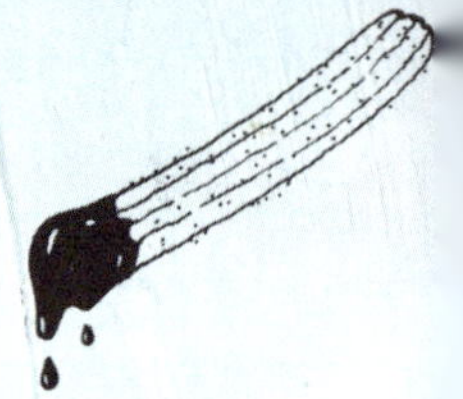

FÜR 14 STÜCK

75 g Butter | Salz | 110 g Mehl | 3 Eier (M) | ½ TL Backpulver | 1,5 l Frittieröl | 150 g Zucker | 2 TL Zimtpulver | Spritzbeutel mit Sterntülle (10 mm ∅)

Zubereitungszeit: 1 Std. 20 Min.

Pro Stück ca. 215 kcal, 2 g E, 16 g F, 16 g KH

1 Für den Brandteig Butter, 200 ml Wasser und 1 Prise Salz in einem Topf bei mittlerer Hitze aufkochen. Das Mehl zugeben und mit dem Küchenspatel einrühren. Weiterrühren, bis eine gebundene Masse entstanden ist. Den Teig in eine Rührschüssel umfüllen und ca. 10 Min. abkühlen lassen. Die Eier einzeln mit den Rührbesen des Handrührgeräts vollständig in den Teig rühren. Mit dem dritten Ei das Backpulver zugeben und alles zu einem glatten Teig verrühren.

2 Das Frittieröl in einem hohen Topf oder einer Fritteuse auf 170° erhitzen. Es ist heiß genug, wenn an einem hineingehaltenen Holzstäbchen sofort kleine Blasen aufsteigen. Den Teig in den Spritzbeutel füllen und je 3 Streifen (ca. 10 cm lang) vorsichtig direkt ins heiße Öl spritzen. Dabei jeden Streifen mit einem Messer abtrennen. Die Churros unter Wenden in 4–5 Min. goldbraun frittieren. Mit einer Schöpfkelle herausheben und kurz auf Küchenpapier entfetten. Mit dem restlichen Teig wiederholen.

3 Zucker und Zimt in einer Schale mischen. Die heißen Churros darin wenden und sofort servieren.

Perfekt dazu:
heiße Schokolade

WHOOPIE-PIES
mit Kirschcreme

FÜR 15 STÜCK

Für die Füllung:
250 g Sauerkirschen (aus dem Glas)
50 g Zucker
25 g Vanillepuddingpulver
125 g weiche Butter

Für den Rührteig:
120 g weiche Butter
200 g brauner Zucker
1 Ei (M)
250 g Mehl
1 EL Kakaopulver
1 TL Backpulver
Salz
160 g Buttermilch

Zubereitungszeit: 1 Std. + 36 Min. Backzeit
Pro Stück ca. 280 kcal, 3 g E, 15 g F, 34 g KH

1 Für die Füllung die Kirschen abgießen und abtropfen lassen. Dann mit Zucker und Puddingpulver im Mixer oder mit dem Pürierstab fein mixen. Die Masse in einen Topf gießen, bei mittlerer Hitze unter Rühren aufkochen und ca. 1 Min. kochen lassen. Den Pudding in eine Schüssel füllen, die Oberfläche sofort mit Frischhaltefolie bedecken und bei Raumtemperatur abkühlen lassen.

2 Den Backofen auf 180° vorheizen, zwei Backbleche mit Backpapier belegen. Für den Teig Butter, Zucker und Ei in eine Rührschüssel geben und mit den Rührbesen des Handrührgeräts in ca. 2 Min. cremig rühren. Mehl, Kakao, Backpulver, ½ TL Salz und Buttermilch zufügen und alles zügig zu einem cremigen Teig verrühren. Vom Teig mit einem Esslöffel 30 Portionen abnehmen und als Häufchen mit ca. 5 cm Abstand auf die Bleche setzen.

3 Die Teigportionen nacheinander im Ofen (Mitte) 13–18 Min. backen. Herausnehmen, mit dem Papier vom Blech ziehen und auf einem Kuchengitter auskühlen lassen.

4 Inzwischen die Butter für die Füllung in einer weiteren Rührschüssel in ca. 4 Min. cremig rühren. Dabei nach ca. 2 Min. den Kirschpudding löffelweise unterrühren.

5 Die Kirschcreme mit einem Teelöffel auf die Unterseite von 15 Whoopie-Hälften verteilen. Die restlichen Hälften als Deckel daraufsetzen, leicht andrücken und die Creme so bis zum Rand schieben. Die Whoopie-Pies bis zum Servieren kühlen.

Mandel-
NUSS-ECKEN

FÜR 40 STÜCK

Für den Mürbeteig:
300 g Mehl
1 TL Backpulver
120 g Zucker
1 Pck. Vanillezucker
2 Eier (M)
125 g kalte Butter

Für den Belag:
150 g Aprikosenkonfitüre
200 g Butter
200 g Zucker
200 g gemahlene Haselnusskerne
200 g gehackte Mandeln

Außerdem:
200 g Zartbitter-Kuvertüre
Mehl zum Arbeiten

Zubereitungszeit: 40 Min. + 25 Min. Backzeit + 3 Std. 20 Min. Abkühlzeit
Pro Stück ca. 195 kcal, 3 g E, 13 g F, 17 g KH

1 Den Backofen auf 180° vorheizen, ein Backblech mit Backpapier belegen. Für den Teig Mehl, Backpulver, Zucker, Vanillezucker und Eier in eine Rührschüssel geben und mit den Rührbesen des Handrührgeräts vermischen. Die Butter in kleinen Stücken zugeben und alles rasch zu einem glatten Teig verrühren. Den Teig dann mit leicht bemehlter Teigrolle auf dem Backblech ausrollen.

2 Für den Belag die Aprikosenkonfitüre mit Butter, Zucker und 50 ml Wasser in einem kleinen Topf erwärmen. Mit dem Schneebesen glatt verrühren. Haselnüsse und Mandeln unterrühren. Die Nussmasse mit einem Teigspatel auf dem Boden verteilen und im Ofen (Mitte) in ca. 25 Min. goldbraun backen.

3 Das Gebäck auf dem Blech auf einem Kuchengitter ca. 20 Min. abkühlen lassen. Danach mit einem scharfen Messer zuerst in Quadrate (ca. 8 × 8 cm) schneiden, dann diagonal zu Dreiecken halbieren. Die Ecken mindestens 2 Std. auf dem Blech abkühlen lassen.

4 Die Kuvertüre grob hacken und in einer hitzebeständigen Schüssel über dem heißen Wasserbad schmelzen. Jeweils die beiden spitzen Enden der Dreiecke in die geschmolzene Kuvertüre tauchen. Die Nussecken auf ein Kuchengitter oder Backpapier legen und die Schokoglasur ca. 1 Std. trocknen lassen.

Bleiben in einer Blechdose bis zu 2 Wochen frisch.

Nuss-
STANGEN

FÜR 32 STÜCK

100 g Marzipanrohmasse | 50 g gemahlene Mandeln | 50 g gemahlene Haselnusskerne | 1 Ei (M) | Salz | 1 Prise Zimtpulver | 40 ml Rum | 2 Rollen Blätterteig (à 275 g, aus dem Kühlregal) | 60 g Puderzucker

Zubereitungszeit: 25 Min. + 30 Min. Backzeit
Pro Portion ca. 115 kcal, 2 g E, 7 g F, 10 g KH

1 Den Backofen auf 220° vorheizen, zwei Backbleche mit Backpapier belegen. Das Marzipan würfeln. Mit Mandeln, Haselnüssen, Ei, 1 Prise Salz, Zimt und Rum in einer Rührschüssel mit den Rührbesen des Handrührgeräts zu einer glatten Creme verrühren.

2 Die Blätterteigrollen samt Papier auf der Arbeitsfläche ausbreiten. Eine Platte gleichmäßig mit der Nussmasse bestreichen. Die zweite Blätterteigplatte darauflegen, andrücken und das Papier abziehen.

3 Den Teig mit dem unteren Papier auf ein Schneidebrett ziehen und längs halbieren. Jede Teighälfte dann quer in 16 Streifen (ca. 1,5 cm breit) schneiden. Die Streifen zwei- bis dreimal spiralförmig in sich verdrehen und mit etwas Abstand auf die Backbleche legen. Die Stangen nacheinander im Ofen (Mitte) 12–15 Min. backen. Herausnehmen und auf einem Kuchengitter abkühlen lassen.

4 Den Puderzucker mit 3 EL heißem Wasser in einer Schale zu einem glatten Guss verrühren. Den Guss mit einem Teelöffel in Streifen über die Nussstangen träufeln und kurz trocknen lassen.

Heidelbeer-TASCHEN

FÜR 16 STÜCK

600 g Mehl | 300 g Magerquark | 260 g Zucker | ½ Pck. Backpulver | 110 ml Milch | 80 ml Öl | 600 g Heidelbeeren | 3 EL Vanillepuddingpulver | 2 TL Vanillezucker | ½ TL Zimtpulver | 1 Ei (M) | 2 EL Puderzucker | Mehl zum Arbeiten

Zubereitungszeit: 1 Std. + 40 Min. Backzeit
Pro Stück ca. 305 kcal, 8 g E, 6 g F, 54 g KH

1 Den Backofen auf 200° vorheizen, zwei Backbleche mit Backpapier belegen. Für den Teig Mehl, Quark, 200 g Zucker, Backpulver, Milch und Öl mit den Knethaken des Handrührgeräts verkneten. Den Teig auf der bemehlten Arbeitsfläche zu einem Rechteck (ca. 40 × 60 cm) ausrollen. Dieses mit einem Messer zuerst längs in vier Streifen schneiden, dann nochmals quer, sodass 16 Rechtecke (ca. 10 × 15 cm) entstehen.

2 Für die Füllung die Heidelbeeren waschen und abtropfen lassen. Beeren, Puddingpulver, die restlichen 60 g Zucker, Vanillezucker und Zimt in einer Schüssel verrühren. Das Ei trennen und die Ränder der Rechtecke mit dem Eiweiß bepinseln. Je 1 ½ EL Füllung auf eine Hälfte der Rechtecke setzen, die andere Teighälfte darüberklappen und den Rand andrücken.

3 Die Oberseite der Teigtaschen dreimal schräg mit dem Messer einritzen. Das Eigelb glatt rühren und Taschen damit bestreichen. Die Taschen auf die Bleche legen und nacheinander im Ofen (Mitte) in ca. 20 Min. goldbraun backen. Auf einem Kuchengitter auskühlen lassen und mit Puderzucker bestäuben

HEFEKRÄNZE

mit Konfitüre

FÜR 8 STÜCK

Für den Hefeteig:

100 ml Milch
1 Pck. Trockenhefe (7 g)
120 g Zucker
1 TL Vanillezucker
Salz
520 g Mehl
180 g weiche Butter
2 Eier (M)

Für Füllung und Guss:

8 EL rote Konfitüre (z. B. Erdbeere)
1 Ei (M)
60 g Puderzucker

Außerdem:

Mehl zum Arbeiten

Zubereitungszeit: 50 Min. + 1 Std. 10 Min. Ruhezeit + 25 Min. Backzeit
Pro Stück ca. 570 kcal, 10 g E, 22 g F, 83 g KH

1 Für den Teig die Milch lauwarm erhitzen. Milch, Hefe, Zucker, Vanillezucker und 1 Prise Salz in einer Rührschüssel verrühren und ca. 10 Min. ruhen lassen. Dann Mehl, Butter und Eier zufügen und alles mit den Knethaken des Handrührgeräts in ca. 6 Min. zu einem geschmeidigen Teig verkneten. Den Teig abgedeckt an einem warmen Ort ca. 30 Min. gehen lassen.

2 Ein Backblech mit Backpapier belegen. Den Teig in 8 Portionen teilen und diese auf der bemehlten Arbeitsfläche zu Rechtecken (ca. 30 × 15 cm) ausrollen. Für die Füllung die Rechtecke jeweils mit 1 EL Konfitüre bestreichen und von der Längsseite her aufrollen. Jede Rolle dann spiralförmig in sich verdrehen, zu einem Kreis zusammenlegen und die Enden leicht zusammendrücken. Die Kränzchen auf das Blech legen und mehrmals schräg einritzen. Abgedeckt nochmals ca. 30 Min. gehen lassen.

3 Inzwischen den Backofen auf 180° vorheizen. Das Ei verquirlen und die Hefekränze damit bestreichen. Die Kränze im Ofen (Mitte) 20–25 Min. backen. Herausnehmen, mit dem Papier vom Blech ziehen und auf einem Kuchengitter lauwarm abkühlen lassen.

4 Für den Guss den Puderzucker mit 3 EL heißem Wasser in einer Schale glatt verrühren. Die Hefekränze noch warm mit dem Puderzuckerguss bepinseln und auskühlen lassen.

Zucker
Sweet

TORTEN

süß und sündig

CHOCOLATE CAKE aus den USA

FÜR 1 SPRINGFORM (24 CM Ø, 12 STÜCKE)

Für den Rührteig:

150 g Zartbitter-Schokolade
200 g Puderzucker
150 g Butter
6 Eier (M)
150 g Mehl
1 TL Backpulver

Für die Schokocreme:

100 g Zartbitter-Schokolade
200 g Butter
150 g Puderzucker
40 g Kakaopulver
200 g Sahne

Außerdem:

150 g Johannisbeergelee
50 g Zartbitter-Kuvertüre
1 TL Öl
Kakaopulver zum Bestreuen
Butter für die Form

Zubereitungszeit: 1 Std. 30 Min. + 55 Min. Backzeit
Pro Stück ca. 660 kcal, 8 g E, 45 g F, 56 g KH

1 Den Backofen auf 180° vorheizen, den Formboden mit Backpapier belegen, den Rand mit Butter einfetten. Für den Teig die Schokolade mit dem Messer grob hacken. Mit Puderzucker und Butter in einen Topf geben und bei schwacher Hitze unter Rühren schmelzen. In eine Rührschüssel umfüllen und ca. 10 Min. abkühlen lassen. Dann die Eier zugeben und alles mit den Rührbesen des Handrührgeräts in ca. 6 Min. cremig aufschlagen. Mehl und Backpulver unterrühren. Den Teig in die Form füllen und im Ofen (Mitte) ca. 55 Min. backen. Abgekühlt aus der Form lösen.

2 Für die Creme die Schokolade fein hacken. Mit der Butter in Stücken in einen Topf geben und bei schwacher Hitze unter Rühren schmelzen. Schokobutter, Puderzucker und Kakao in eine Rührschüssel füllen und mit den Rührbesen des Handrührgeräts in ca. 3 Min. cremig rühren. Die Sahne in einen hohen Rührbecher füllen und mit den Rührbesen des Handrührgeräts steif schlagen. Die Schlagsahne zur Schokobutter geben und mit einem Schneebesen behutsam untermischen.

3 Den Boden zweimal waagerecht durchschneiden. Das Johannisbeergelee mit 1 EL heißem Wasser glatt rühren. 2 Böden zuerst mit zwei Dritteln vom Gelee, dann mit der Hälfte der Schokocreme bestreichen. Aufeinandersetzen, den dritten Boden auflegen und mit dem restlichen Gelee bestreichen. Die Torte dann rundum mit der übrigen Schokocreme überziehen und kühl stellen.

4 Die Kuvertüre hacken und in einer hitzebeständigen Schüssel über dem heißen Wasserbad schmelzen. Eine Platte mit Öl einfetten, die Kuvertüre daraufstreichen und trocknen lassen. Mit einem Messer mit breiter Klinge zu Fächern zusammenschieben. Die Torte damit dekorieren und mit Kakao bestäuben.

Weiße SCHOKOLADEN-torte mit kandierten Früchten

FÜR 1 SPRINGFORM (26 CM Ø, 12 STÜCKE)

Für die Creme:
150 g weiße Schokolade
150 g Crème double
500 g Sahne
100 g kandierte Früchte (z. B. Ananas, Orangen, Papaya)
1 TL Speisestärke
1 EL Orangenlikör

Für den Biskuit:
100 g Butter
6 Eier (M) | 250 g Zucker
200 g Mehl

Außerdem:
12 Cocktailkirschen
30 g weiße Schokolade
Spritzbeutel mit Sterntülle (10 mm ∅)

Zubereitungszeit: 1 Std. + 2 Std. Kühlzeit + 45 Min. Backzeit
Pro Stück ca. 520 kcal, 7 g E, 58 g F, 51 g KH

1 Für die Creme die Schokolade mit einem Messer grob hacken. Mit Crème double und 100 g Sahne in einen Topf geben und bei schwacher Hitze unter Rühren schmelzen. Die Schokosahne in eine Schüssel umfüllen, abdecken und ca. 2 Std. kühlen.

2 Den Backofen auf 180° vorheizen. Den Formboden mit Backpapier belegen. Für den Biskuit die Butter schmelzen, die Eier trennen. Die Eiweiße in eine Rührschüssel geben und mit den Rührbesen des Handrührgeräts steif schlagen, dabei den Zucker einrieseln lassen. Die Eigelbe unterrühren. Dann Mehl und geschmolzene Butter zufügen und mit dem Küchenspatel unterheben, bis ein glatter Teig entstanden ist. Den Teig in die Form füllen, glatt streichen und im Ofen (Mitte) ca. 45 Min. backen. Den Biskuit leicht abgekühlt aus der Form lösen und auskühlen lassen.

3 Die restlichen 400 g Sahne für die Creme in einem hohen Rührbecher steif schlagen. Die Schlagsahne zur Schokosahne geben und mit dem Küchenspatel unterheben. Die Creme wieder abgedeckt kühlen. Kandierte Früchte und Stärke in einem Blitzhacker fein hacken. Umfüllen und den Orangenlikör untermischen.

4 Den Biskuit waagerecht halbieren. Die Früchte mit einem Drittel Schokocreme mischen und auf 1 Boden streichen, den zweiten Boden auflegen. 3 EL Creme in den Spritzbeutel füllen und die Torte mit der übrigen Schokocreme überziehen. 12 Cremetupfen daraufspritzen und je 1 Cocktailkirsche daraufsetzen. Die Schokolade in Späne hobeln und in die Mitte streuen.

Apple-Chocolate-CHEESECAKE

FÜR 1 SPRINGFORM (26 CM Ø, 12 STÜCKE)

100 g Cornflakes | 150 g Zartbitter-Schokolade | 50 g Butter | 1 Pck. gemahlene Gelatine (27 g) | 150 ml Apfelsaft | 3 rotschalige Äpfel (500 g) | 3 EL Zitronensaft | 80 g Zucker | 1 Pck. Vanillezucker | 400 g Schmand | 400 g Doppelrahmfrischkäse

Zubereitungszeit: 30 Min. + 3 Std. Kühlzeit
Pro Stück ca. 335 kcal, 6 g E, 24 g F, 24 g KH

1 Den Formboden mit Backpapier belegen und mit dem Rand umschließen. Cornflakes in einen Gefrierbeutel geben, verschließen und mit einer Teigrolle grob zerdrücken. Schokolade fein hacken und ½ EL für die Deko beiseitelegen. Butter und Schokolade in einen kleinen Topf geben und bei schwacher Hitze unter Rühren schmelzen. Die Flakes untermischen. Die Masse in der Form zu einem Boden festdrücken.

2 In einem kleinen Topf die Gelatine ca. 5 Min. im Apfelsaft einweichen. 2 Äpfel waschen, vierteln, entkernen und in 1 cm große Würfel schneiden. Zitronensaft, Zucker, Vanillezucker, Schmand und Frischkäse in einer Rührschüssel mit dem Schneebesen glatt rühren. Die Apfelstücke unterrühren. Die Gelatine auf dem Herd bei schwacher Hitze unter Rühren auflösen, dann unter die Apfelcreme mischen. Die Creme in die Form füllen und ca. 3 Std. kühlen.

3 Den Formrand lösen. Den übrigen Apfel waschen, vierteln, entkernen und in hauchdünne Spalten schneiden. Die Spalten auf die Torte legen und mit den übrigen Schokostückchen bestreuen.

TIRAMISU-TORTE
mit Aprikosen

FÜR 1 SPRINGFORM (26 CM Ø, 12 STÜCKE)

100 g Löffelbiskuits | 100 g Amarettini | 100 g Butter | 120 ml starker Kaffee | 500 g Aprikosen | 500 g Mascarpone | 250 g griech. Joghurt (10 % Fett) | 80 g Zucker | 1 EL Vanillezucker | 40 ml Mandellikör (z. B. Amaretto) | 6 Blatt Gelatine | Kakaopulver zum Bestäuben

Zubereitungszeit: 30 Min. + 5 Std. Kühlzeit
Pro Stück ca. 415 kcal, 6 g E, 30 g F, 21 g KH

1 Den Formboden mit Backpapier belegen und mit dem Formrand fest umschließen. Löffelbiskuits und Amarettini in einen Gefrierbeutel geben, verschließen und mit einer Teigrolle fein zerdrücken. Butter und 20 ml Kaffee in einen Topf geben und schmelzen. Die Keksbrösel untermischen. Die Masse in der Form zu einem Boden festdrücken.

2 Die Aprikosen waschen, halbieren und entkernen. Ein Drittel davon für die Deko beiseitelegen, den Rest klein würfeln und auf dem Boden verteilen. Mascarpone, Joghurt, Zucker, Vanillezucker und Likör mit dem Schneebesen cremig rühren.

3 Gelatine ca. 5 Min. in kaltem Wasser einweichen. Die übrigen 100 ml Kaffee in einem Topf bei schwacher Hitze erwärmen. Die ausgedrückte Gelatine darin auflösen, dann schnell mit dem Schneebesen in die Creme rühren. Die Creme auf die Aprikosen streichen und die Torte mindestens 5 Std. kühlen. Danach aus der Form lösen und mit Kakao bestäuben. Die übrigen Aprikosen in Spalten schneiden und darauflegen.

Klassische SACHERTORTE

FÜR 1 SPRINGFORM (26 CM Ø, 12 STÜCKE)

Für den Rührteig:

150 g Zartbitter-Schokolade
150 g Butter
100 g Puderzucker
6 Eier (M)
175 g Zucker
125 g Mehl
150 g Aprikosenkonfitüre

Für die Glasur:

250 g Zartbitter-Kuvertüre
150 g Zucker

Außerdem:

Butter für die Form
Spritzbeutel mit Lochtülle (10 mm ∅)

Zubereitungszeit: 1 Std.
+ 55 Min. Backzeit
+ 12 Std. 30 Min. Trockenzeit
Pro Stück ca. 490 kcal,
7 g E, 26 g F, 57 g KH

1 Den Backofen auf 180° vorheizen. Den Boden der Form mit Backpapier belegen, den Rand mit Butter einfetten. Für den Teig die Schokolade mit einem Messer fein hacken, die Butter in Stücke schneiden. Beides mit dem Puderzucker in einen Topf geben und bei schwacher Hitze unter Rühren schmelzen. Die Schokobutter in eine Rührschüssel umfüllen und ca. 10 Min. abkühlen lassen.

2 In der Zwischenzeit die Eier trennen. Die Eiweiße in einen hohen Rührbecher geben und mit den Rührbesen des Handrührgeräts steif schlagen, dabei den Zucker einrieseln lassen. Die Eigelbe zur Schokobutter geben und alles mit den Rührbesen des Handrührgeräts in ca. 2 Min. cremig aufschlagen. Das Mehl mit dem Schneebesen behutsam unterheben. Dann den Eischnee mit dem Küchenspatel locker unter den Schokoladenteig heben. Den Teig in die Form füllen und im Ofen (Mitte) ca. 55 Min. backen. Herausnehmen, leicht abgekühlt aus der Form lösen und auskühlen lassen.

3 Die Aprikosenkonfitüre in einem kleinen Topf erwärmen, bis sie flüssig ist. Durch ein Sieb streichen und den Kuchen rundum damit glasieren. Ca. 30 Min. trocknen lassen.

4 Für die Glasur 150 g Kuvertüre mit dem Messer grob hacken. Mit Zucker und 90 ml Wasser in einen Topf geben und bei schwacher Hitze unter Rühren schmelzen. Den Kuchen mit der Glasur überziehen und ca. 12 Std. oder über Nacht trocknen lassen.

5 Danach die übrigen 100 g Kuvertüre grob hacken und in einer hitzebeständigen Schüssel über dem heißen Wasserbad schmelzen. Die Schokolade in den Spritzbeutel füllen, 12 kleine »S« auf Backpapier spritzen und trocknen lassen. Die Schoko-Buchstaben vorsichtig vom Papier lösen und auf den Rand der Torte legen.

Die kann man schon 1-2 Tage vor dem Servieren backen.

KAFFEECREME-torte

FÜR 1 SPRINGFORM (24 CM Ø, 12 STÜCKE)

Für die Mandelböden:
4 Eiweiß (M) | 100 g Zucker
100 g gemahlene gehäutete Mandeln
25 g Speisestärke
40 g Mandelblättchen

Für den Biskuit:
3 Eier (M)
90 g Zucker
90 g Mehl
1 TL Kakaopulver
1 TL lösliches Espressopulver

Für die Creme:
300 ml Milch | 300 g Sahne
150 g Zucker
3 TL lösliches Espressopulver
50 g Speisestärke
3 Eigelb (M)
200 g weiche Butter

Außerdem:
2 EL Kaffeelikör
12 Schoko-Mokkabohnen

Zubereitungszeit: 1 Std. 30 Min. + 55 Min Backzeit + 4 Std. 20 Min. Kühlzeit
Pro Stück ca. 500 kcal, 9 g E, 32 g F, 43 g KH

1 Backofen auf 180° vorheizen. Aus Backpapier 2 Kreise (24 cm ∅) ausschneiden und auf den Ofenrost legen. Für die Böden Eiweiße und Zucker in eine Rührschüssel geben und mit den Rührbesen des Handrührgeräts in ca. 4 Min. hellcremig, aber nicht steif aufschlagen. Mandeln und Stärke mit dem Küchenspatel unterheben. Die Baisermasse auf den Papierkreisen verteilen. Mit Mandelblättchen bestreuen und im Ofen (Mitte) in 20–25 Min. hellbraun backen. Herausnehmen, abkühlen lassen und vom Papier ziehen.

2 Für den Biskuit den Boden der Form mit Backpapier belegen. Eier und Zucker in einer Rührschüssel mit den Rührbesen des Handrührgeräts in ca. 6 Min. hellschaumig rühren. Mehl, Kakao und Espressopulver mit dem Küchenspatel unterheben. Die Masse in die Form füllen und im Ofen (Mitte) ca. 30 Min. backen. Den Biskuit leicht abgekühlt aus der Form lösen und auskühlen lassen.

3 Für die Creme Milch, Sahne, Zucker, Espressopulver, Stärke und Eigelbe in einen Topf geben und mit dem Schneebesen verrühren. Bei mittlerer Hitze unter Rühren zu einem Pudding kochen. In eine Schüssel umfüllen, mit Frischhaltefolie bedecken und bei Raumtemperatur ca. 2 Std. abkühlen lassen.

4 Die Butter in eine Rührschüssel geben und mit den Rührbesen des Handrührgeräts in ca. 2 Min. cremig rühren. Dann den Pudding löffelweise unterrühren. Die Creme ca. 20 Min. kühlen.

5 Ein Viertel der Creme auf 1 Mandelboden streichen. Den Biskuitboden darauflegen, mit Likör beträufeln und ebenfalls mit einem Viertel der Creme bestreichen. Zweiten Mandelboden auflegen und die Torte mit der restlichen Creme überziehen. Ca. 2 Std. kühlen und vor dem Servieren mit Schoko-Mokkabohnen dekorieren.

Zum Schichten am
besten einen Torten-
ring verwenden!

VANILLE-KOKOS-Torte

FÜR 1 SPRINGFORM (24 CM Ø, 12 STÜCKE)

2 Vanilleschoten | 180 g Zucker | 350 ml Milch | 250 g Kokosmilch | 125 g weiche Butter | 5 Eier (M) | 125 g Mehl | 1 TL abgeriebene Schale von 1 Bio-Limette | 150 g Sahne | 30 g Kokosraspel | Minzeblättchen

Zubereitungszeit: 30 Min. + 55 Min. Backzeit + 5 Std. Kühlzeit

Pro Stück ca. 320 kcal, 6 g E, 22 g F, 25 g KH

1 Den Backofen auf 155° vorheizen, die Form mit Backpapier auslegen. Vanilleschoten längs aufschneiden und das Mark mit dem Messer herauskratzen. Vanilleschoten und -mark mit 50 g Zucker, Milch und Kokosmilch in einen Topf geben und erhitzen. Die Butter darin schmelzen. Vom Herd nehmen und abkühlen lassen. Dann die Vanilleschoten entfernen.

2 Die Eier trennen, die Eiweiße in einen hohen Rührbecher geben und steif schlagen. Eigelbe und 100 g Zucker in eine Rührschüssel geben und mit den Rührbesen des Handrührgeräts hellcremig aufschlagen. Das Mehl einrühren. Die Kokos-Vanille-Milch dazugießen und alles glatt rühren. Zuletzt den Eischnee mit dem Küchenspatel unterheben. Die Masse in die Form füllen und im Ofen (Mitte) ca. 55 Min. backen. Herausnehmen und mindestens 5 Std. abgedeckt kühlen, dann aus der Form lösen.

3 Limettenschale und restliche 30 g Zucker mischen. Die Sahne in einen hohen Rührbecher gießen und steif schlagen, dabei den Limettenzucker einrieseln lassen. Die Sahne auf der Torte verteilen, mit Kokosraspeln und Minzeblättchen bestreuen.

Nugat-
ESPRESSO-TORTE

FÜR 1 SPRINGFORM (24 CM Ø, 12 STÜCKE)

400 ml Milch | 100 g Kaffeesahne | 2 TL lösliches Espressopulver | 150 g Nugat | 110 g weiche Butter | 5 Eier (M) | 100 g Rohrohrzucker | 110 g Mehl | 150 g Sahne | 1 Pck. Vanillezucker | Schoko-Zebraröllchen

Zubereitungszeit: 30 Min. + 55 Min. Backzeit + 5 Std. Kühlzeit

Pro Stück ca. 305 kcal, 6 g E, 19 g F, 26 g KH

1 Den Backofen auf 155° vorheizen, die Form mit Backpapier auslegen. Milch, Kaffeesahne und Espressopulver in einen Topf geben und bei schwacher Hitze erwärmen. Nugat und Butter in Stücke schneiden, zugeben und in der Milch schmelzen. Vom Herd nehmen und abkühlen lassen.

2 Die Eier trennen. Die Eiweiße in einen hohen Rührbecher geben und mit den Rührbesen des Handrührgeräts steif schlagen. Eigelbe und Zucker in eine Rührschüssel geben und mit den Rührbesen des Handrührgeräts in ca. 2 Min. cremig rühren. Das Mehl unterheben. Die Nugatmilch dazugießen und alles mit einem Schneebesen glatt rühren. Zuletzt den Eischnee mit dem Schneebesen unterheben. Die Masse in die Form füllen und im Ofen (Mitte) ca. 55 Min. backen. Herausnehmen und mindestens 5 Std. abgedeckt kühlen. Danach aus der Form lösen.

3 Sahne und Vanillezucker in einen hohen Rührbecher geben und steif schlagen. Auf der Torte verteilen und mit Zebraröllchen dekorieren.

Schwarzwälder KIRSCHTORTE

FÜR 1 SPRINGFORM (26 CM Ø, 16 STÜCKE)

Für den Biskuit:
6 Eier (M)
150 g Zucker
Salz
125 g Mehl
30 g Kakaopulver
50 g gemahlene Mandeln

Für Creme und Deko:
750 g Sahne
20 g Vanillezucker
30 g Instant-Gelatine
120 ml Kirschwasser
500 g Sauerkirschen (aus dem Glas)
75 g Schokoladenraspel

Außerdem:
Spritzbeutel mit Sterntülle (11 mm ∅)

Zubereitungszeit: 1 Std. + 30 Min. Backzeit + 3 Std. Kühlzeit
Pro Stück ca. 345 kcal, 8 g E, 21 g F, 25 g KH

1 Den Backofen auf 180° vorheizen, den Boden der Form mit Backpapier belegen. Für den Biskuit die Eier trennen. Die Eiweiße mit 50 g Zucker und 1 Prise Salz in einen hohen Rührbecher geben und steif schlagen. Eigelbe und übrige 100 g Zucker in eine Rührschüssel geben und mit den Rührbesen des Handrührgeräts in ca. 1 Min. hellcremig schlagen. Mehl, Kakao und Mandeln unterrühren. Zuletzt den Eischnee mit dem Küchenspatel unterheben. Die Masse in die Form füllen und im Ofen (Mitte) ca. 30 Min. backen. Den Biskuit leicht abgekühlt aus der Form lösen und auf einem Kuchengitter auskühlen lassen.

2 Für die Creme die Sahne in eine hohe Rührschüssel gießen und steif schlagen. Dabei Vanillezucker und Gelatine einrieseln lassen. Dann 20 ml Kirschwasser unterheben. 150 g Creme abnehmen, in den Spritzbeutel füllen und kühlen.

3 Die Kirschen in einem Sieb abtropfen lassen, 16 Kirschen für die Deko beiseitelegen. Den Biskuit waagerecht halbieren. Einen Boden mit dem Formrand umschließen und mit 50 ml Kirschwasser beträufeln. Die Kirschen darauf verteilen und mit einem Drittel der Creme bestreichen. Den zweiten Boden auflegen und mit den übrigen 50 ml Kirschwasser beträufeln.

4 Den Formrand entfernen und die Torte ringsum mit der restlichen Creme bestreichen. Rand und Mitte der Torte mit Schokoraspeln bestreuen. Zuletzt mit der gekühlten Creme 16 Rosetten auf die Torte spritzen und je 1 Kirsche daraufsetzen. Die Torte vor dem Servieren mindestens 3 Std. kühlen.

PFIRSICH-MELBA-Torte

FÜR 1 SPRINGFORM (26 CM Ø, 16 STÜCKE)

Für den Biskuit:

100 g weiche Butter
4 Eier (M)
200 g Zucker | Salz
100 g gemahlene Mandeln
150 g Mehl
50 g Speisestärke
1 Pck. Backpulver

Für Füllung und Deko:

1 Dose Pfirsiche (480 g Abtropfgewicht)
400 g Himbeeren
20 g Speisestärke
¼ TL gemahlene Vanille
400 g Sahne
500 g griech. Joghurt (10 % Fett)
1 Pck. Vanillezucker
50 g Puderzucker
30 g Instant-Gelatine
50 g gehackte Pistazien

Zubereitungszeit: 45 Min. + 35 Min. Backzeit + 2 Std. Kühlzeit
Pro Stück ca. 385 kcal, 8 g E, 23 g F, 37 g KH

1 Den Backofen auf 180° vorheizen, den Boden der Form mit Backpapier belegen. Für den Biskuit Butter, Eier, Zucker und 1 Prise Salz in eine Rührschüssel geben und mit den Rührbesen des Handrührgeräts in ca. 5 Min. hellcremig aufschlagen. Mandeln, Mehl, Stärke und Backpulver unterrühren. Die Masse in die Form füllen und im Ofen (Mitte) ca. 35 Min. backen. Den Biskuit leicht abgekühlt aus der Form lösen und auskühlen lassen.

2 Inzwischen für die Füllung die Pfirsiche in ein Sieb abgießen, den Saft auffangen. Die Himbeeren waschen, trocken tupfen und 16 schöne Beeren für die Deko beiseitelegen. In einem kleinen Topf 200 ml Pfirsichsaft, Stärke und Vanille unter Rühren aufkochen. Vom Herd nehmen, die Himbeeren zufügen und abkühlen lassen.

3 Die Sahne in einem hohen Rührbecher steif schlagen und kühlen. Ein Drittel der Pfirsiche klein würfeln. Ein weiteres Drittel der Pfirsiche in einen hohen Rührbecher geben und mit dem Pürierstab fein mixen. Pfirsichpüree, Joghurt, Vanillezucker, Puderzucker und Gelatine in einer Rührschüssel mit dem Schneebesen verrühren. Die Pfirsichwürfel und die Hälfte der Schlagsahne zufügen und mit dem Küchenspatel unterheben.

4 Den Biskuit waagerecht halbieren. Einen Boden mit dem Formrand umschließen und die Himbeermasse darauf verteilen. Die Joghurtcreme daraufstreichen, den zweiten Boden auflegen und mindestens 2 Std. kühlen. Danach den Formrand lösen und die Torte rundum mit der übrigen Schlagsahne bestreichen. Die restlichen Pfirsiche in Spalten schneiden und mit den übrigen Himbeeren auf die Torte legen. Mit den Pistazien bestreuen.

ERDBEER-
cremetorte

FÜR 1 SPRINGFORM (26 CM Ø, 12 STÜCKE)

175 g Amarettini | 125 g Butter | 350 g Erdbeeren | 100 g Erdbeerkonfitüre | 60 g Zucker | 1 TL gemahlene Vanille | 250 g Mascarpone | 30 g Instant-Gelatine | 300 g Sahne

Zubereitungszeit: 30 Min. + 3 Std. Kühlzeit
Pro Stück ca. 365 kcal, 5 g E, 27 g F, 14 g KH

1 Den Boden der Form mit Backpapier belegen und mit dem Formrand umschließen. Für den Boden die Amarettini in einen Gefrierbeutel geben, verschließen und mit einer Teigrolle fein zerdrücken. Die Butter in einem kleinen Topf schmelzen. Keksbrösel und geschmolzene Butter in einer Schale mischen und in der Form zu einem Boden festdrücken.

2 Für die Creme die Erdbeeren waschen, trocken tupfen und putzen. 50 g Beeren für die Deko kühlen, die restlichen Beeren klein schneiden. Mit Konfitüre, Zucker und Vanille in eine Rührschüssel geben und mit den Rührbesen des Handrührgeräts ca. 5 Min. verrühren, bis sich der Zucker aufgelöst hat. Den Mascarpone zufügen und auf höchster Stufe weiterrühren, dabei die Gelatine einrieseln lassen.

3 Die Sahne in einem hohen Rührbecher mit dem Handrührgerät steif schlagen. Unter die Erdbeercreme mischen. Die Creme auf den Boden geben und glatt streichen. Die Torte mit Frischhaltefolie abdecken und mindestens 3 Std. kühlen. Die übrigen Erdbeeren in dünne Scheiben schneiden und auf die Torte legen.

PANNACOTTA-Torte

FÜR 1 SPRINGFORM (26 CM Ø, 12 STÜCKE)

200 g Butterkekse (Fertigprodukt) | 125 g Butter | 8 Blatt Gelatine | ½ TL gemahlene Vanille | 75 g Puderzucker | 400 ml Milch | 600 g Sahne | 350 g Rote Johannisbeeren | 2 EL rotes Johannisbeergelee

Zubereitungszeit: 30 Min. + 5 Std. Kühlzeit
Pro Stück ca. 370 kcal, 5 g E, 27 g F, 25 g KH

1 Den Formboden mit Backpapier belegen. Die Kekse in einen Gefrierbeutel geben, verschließen und mit einer Teigrolle zerdrücken. Die Butter in einem kleinen Topf schmelzen. Mit den Keksbröseln mischen, in der Form zu einem Boden festdrücken und kühlen.

2 Gelatine ca. 5 Min. in kaltem Wasser einweichen. Vanille und Puderzucker vermischen, 1 TL davon beiseitestellen. Vanillezucker, Milch und 300 g Sahne in einem Topf erhitzen. Die Gelatine zufügen und in der heißen Flüssigkeit auflösen. Die Vanillemilch umfüllen und ca. 2 Std. im Kühlschrank gelieren lassen.

3 Johannisbeeren waschen, 300 g von den Rispen streifen und mit dem übrigen 1 TL Vanillezucker mischen. Das Gelee auf den Boden streichen. Die übrigen 300 g Sahne in eine Rührschüssel geben und mit den Rührbesen des Handrührgeräts steif schlagen. Die gekühlte Vanillemilch unterrühren. Die Hälfte der Creme mit den Beeren mischen und auf den Boden geben. Den Rest daraufstreichen. Mit Frischhaltefolie abdecken und mindestens 3 Std. kühlen. Mit den übrigen Beerenrispen dekorieren.

KÄSESAHNE-
torte mit Mandarinen

FÜR 1 SPRINGFORM (26 CM Ø, 16 STÜCKE)

Für den Rührteig:
200 g weiche Butter
75 g Zucker
1 Pck. Vanillezucker
3 Eigelb (M)
225 g Mehl
1 TL Backpulver
Salz

Für die Füllung:
2 Dosen Mandarinen (à 175 g Abtropfgewicht)
6 Blatt weiße Gelatine
1 Bio-Limette
400 g Quark (40 % Fett)
120 g Zucker
500 g Sahne

Außerdem:
Butter und Mehl für die Form
Puderzucker zum Bestäuben

Zubereitungszeit: 40 Min.
+ 40 Min. Backzeit
+ 3 Std. Kühlzeit
Pro Stück ca. 375 kcal,
6 g E, 25 g F, 31 g KH

1 Den Backofen auf 180° vorheizen, die Form mit Butter einfetten und mit Mehl ausstäuben. Für den Teig Butter, Zucker, Vanillezucker und Eigelbe in eine Rührschüssel geben und mit den Rührbesen des Handrührgeräts in ca. 4 Min. hellcremig aufrühren. Dann Mehl, Backpulver und 1 Prise Salz unterrühren. Die Hälfte des Teigs auf den Boden der Form streichen und im Ofen (Mitte) in ca. 20 Min. goldbraun backen. Den Boden sofort aus der Form lösen, auf eine Tortenscheibe gleiten lassen und in 8–16 Stücke schneiden. Die Form reinigen und erneut einfetten. Die zweite Teighälfte ebenso backen, aus der Form lösen und abkühlen lassen.

2 Den Boden mit dem Formrand umschließen. Für die Füllung Mandarinen in ein Sieb abgießen, den Saft auffangen. Gelatine ca. 5 Min. in kaltem Wasser einweichen. 125 ml Mandarinensaft leicht erwärmen. Die Gelatine ausdrücken und darin auflösen.

3 Die Limette heiß abwaschen und abtrocknen. Die Schale abreiben, den Saft auspressen. Limettenschale und -saft mit Quark und Zucker in eine Rührschüssel geben und mit dem Schneebesen glatt rühren. Zuerst 3 EL der Quarkcreme unter die Gelatine rühren, diese dann zur restlichen Quarkcreme geben und zügig mit dem Schneebesen unterrühren. Die Creme ca. 5 Min. kühlen.

4 Die Sahne in einen hohen Rührbecher gießen und steif schlagen. Ein Drittel der Schlagsahne mit dem Küchenspatel unter die Quarkcreme rühren. Dann die restliche Schlagsahne und zwei Drittel der Mandarinen unterheben. Die Creme auf den Boden streichen und abgedeckt mindestens 3 Std. kühlen. Den Formrand lösen und den geschnittenen Boden auf die Creme legen. Die Torte mit Puderzucker bestäuben und mit den restlichen Mandarinen dekorieren.

BUTTERCREME VIERMAL ANDERS

Für jeweils 1 Torte mit 2 Böden. Die Torte vor dem Servieren ca. 3 Std. kühlen.

Vanillecreme: ½ TL gemahlene Vanille mit 50 g Puderzucker, 400 ml Milch und 1 Pck. Vanillepuddingpulver in einen Topf geben und nach Packungsangabe zu einem Pudding kochen. In eine Schüssel umfüllen, mit Frischhaltefolie abdecken und bei Raumtemperatur ca. 1 Std. abkühlen lassen. 200 g weiche Butter mit 50 g Puderzucker in einer Rührschüssel mit dem Handrührgerät cremig rühren. Weiterrühren und dabei den Pudding löffelweise zugeben. Die Creme danach auf hoher Stufe ca. 1 Min. kräftig durchrühren und aufschlagen.

Himbeercreme: 500 g Himbeeren waschen und trocken tupfen. Mit 150 g Gelierzucker (3:1) im Mixer pürieren. Das Püree mit 2 EL Himbeersirup in einen Topf geben und ca. 10 Min. kochen. Die Mischung durch ein Sieb streichen, mit Frischhaltefolie abdecken und bei Raumtemperatur ca. 1 Std. abkühlen lassen. 200 g weiche Butter mit 30 g Puderzucker in einer Rührschüssel mit dem Handrührgerät cremig rühren. Weiterrühren und dabei das Himbeerpüree löffelweise zugeben. Die Creme anschließend auf hoher Stufe ca. 1 Min. kräftig durchrühren und aufschlagen.

Nusscreme: 100 g gemahlene Haselnusskerne in einer Pfanne ohne Fett anrösten, umfüllen und abkühlen lassen. 400 ml Milch, 50 g Zucker, 1 Ei (M) und 50 g Speisestärke in einen Topf geben und zu einem Pudding kochen. In eine Schüssel umfüllen, mit Frischhaltefolie abdecken und bei Raumtemperatur ca. 1 Std. abkühlen lassen. 200 g weiche Butter und 50 g Puderzucker in einer Rührschüssel mit dem Handrührgerät cremig rühren. Die Nüsse unterrühren, dann weiterrühren und dabei den Pudding löffelweise zugeben. Die Creme anschließend auf hoher Stufe ca. 1 Min. kräftig durchrühren und aufschlagen. Dabei nach Belieben noch 1 EL Nusslikör zugeben.

Schokoladencreme: 300 g Zartbitter-Schokolade (mind. 70 % Kakaogehalt) in Stücke brechen. Mit 100 g Butter in einen Topf geben und bei schwacher Hitze schmelzen. 400 g Sahne dazugießen und alles ca. 10 Min. köcheln lassen. Die Schokocreme in eine Rührschüssel umfüllen, mit Frischhaltefolie abdecken und über Nacht kühlen. Nach Belieben noch 2 cl Orangenlikör, Rum oder Cognac zufügen und die Creme mit den Rührbesen des Handrührgeräts auf hoher Stufe ca. 2 Min. aufschlagen.

Gefüllte TRÜFFELTORTE

FÜR 1 SPRINGFORM (24 CM Ø, 12 STÜCKE)

Für die Trüffelcreme:

500 g Sahne
200 g Zartbitter-Schokolade
4 cl Rum (ersatzweise Cognac)

Für den Biskuit:

75 g Zartbitter-Schokolade
100 g Butter
130 g Zucker
6 Eier (M)
100 g Mehl

Für den Sirup:

50 g Zucker

Außerdem:

Kakaopulver
Tortenkamm

Zubereitungszeit: 1 Std. 30 Min.
+ 15 Std. Kühlzeit
+ 40 Min. Backzeit
Pro Stück ca. 460 kcal,
7 g E, 33 g F, 30 g KH

1 Für die Trüffelcreme die Sahne in einem Topf bei schwacher Hitze erwärmen. Die Schokolade in Stücke brechen und darin schmelzen. Den Rum einrühren. Die Masse in eine Schüssel umfüllen und auf Raumtemperatur abkühlen lassen, dabei mit mit dem Schneebesen mehrmals durchrühren. Dann abgedeckt ca. 12 Std. kühlen.

2 Den Backofen auf 180° vorheizen. Den Boden der Form mit Backpapier belegen. Für den Biskuit die Schokolade mit einem Messer grob hacken. Gehackte Schokolade, Butter und 50 g Zucker in einen Topf geben und schmelzen. Die Schokobutter dann in eine Rührschüssel umfüllen und ca. 10 Min. abkühlen lassen. Inzwischen die Eier trennen, die Eiweiße mit den übrigen 80 g Zucker in einem hohen Rührbecher steif schlagen.

3 Die Eigelbe zur Schokobutter geben und alles mit den Rührbesen des Handrührgeräts ca. 2 Min. aufschlagen. Den Eischnee auf die Schokomasse geben, das Mehl darübersieben und alles mit dem Küchenspatel locker vermischen. Die Masse in die Form füllen, glatt streichen und im Ofen (Mitte) ca. 40 Min. backen. Leicht abgekühlt aus der Form lösen und auskühlen lassen.

4 Für den Sirup Zucker und 50 ml Wasser in einem Topf aufkochen, dann abkühlen lassen. Den Biskuit zweimal waagerecht durchschneiden und die Böden mit dem Sirup beträufeln. Die Trüffelcreme mit den Rührbesen des Handrührgeräts ca. 3 Min. aufschlagen. 2 Böden mit je einem Viertel davon bestreichen und aufeinandersetzen. Den dritten Boden auflegen und die Torte mit der restlichen Creme überziehen. Mit dem Tortenkamm Rillen in die Torte ziehen, mit Kakao bestäuben und mindestens 3 Std. kühlen.

Orangen-KROKANT-TORTE

FÜR 1 SPRINGFORM (26 CM Ø, 12 STÜCKE)

Für die Buttercreme:
2 Bio-Orangen
400 ml Milch
40 g Zucker
2 Pck. Bourbon-Vanillezucker
40 g Speisestärke
2 Eigelb (M)
40 ml Orangenlikör
250 g weiche Butter

Für den Biskuit:
6 Eier (M) | Salz
150 g Zucker
200 g Mehl
30 g Speisestärke
1 ½ TL Backpulver
100 g Haselnusskrokant
30 ml Orangenlikör

Außerdem:
2 Orangen
50 g Haselnusskrokant

Zubereitungszeit: 45 Min.
+ 30 Min. Backzeit
+ 4 Std. Kühlzeit
Pro Stück ca. 430 kcal,
7 g E, 24 g F, 46 g KH

1 Für die Buttercreme 1 Orange heiß abwaschen, trocknen und die Schale abreiben. Beide Orangen auspressen. Milch, Zucker, Vanillezucker, Stärke, Eigelbe, 2 TL Orangenschale und 100 ml Orangensaft in einem Topf unter Rühren mit dem Schneebesen aufkochen. Likör einrühren. Pudding umfüllen, mit Frischhaltefolie abdecken und auf Raumtemperatur abkühlen lassen. Dabei ab und zu umrühren.

2 Den Backofen auf 180° vorheizen. Den Boden der Form mit Backpapier belegen. Für den Biskuit Eier trennen. Die Eiweiße mit 1 Prise Salz in einem hohen Rührbecher steif schlagen, dabei 100 g Zucker einrieseln lassen. Den Eischnee kühlen. Eigelbe, 2 EL heißes Wasser und übrige 50 g Zucker in eine Rührschüssel geben und mit den Rührbesen des Handrührgeräts in ca. 5 Min. hellcremig rühren. Mehl, Stärke, Backpulver und Krokant untermischen. Den Eischnee mit einem Küchenspatel unterheben. Die Masse in die Form füllen und im Ofen (unten) ca. 30 Min. backen. Auskühlen lassen, dann aus der Form lösen.

3 Den Biskuit zweimal waagerecht durchschneiden. Likör und übrige 60 ml Orangensaft verrühren und auf die Böden träufeln, 1 Boden mit dem Formrand umschließen. Die Butter in einer Rührschüssel mit den Rührbesen des Handrührgeräts cremig rühren. Den Pudding löffelweise unterrühren. Die Creme dann noch ca. 1 Min. kräftig aufschlagen. Ein Drittel der Creme auf den Boden in der Form streichen. Den zweiten Boden auflegen und mit einem Drittel Creme bestreichen, mit dem dritten Boden wiederholen. Die Torte abgedeckt mindestens 4 Std. oder über Nacht kühlen.

4 Den Formrand lösen. Die Orangen dick schälen, dabei auch die weiße Innenhaut entfernen. Die Filets zwischen den Trennwänden herausschneiden, auf die Torte legen und mit Krokant bestreuen.

Lieber ohne Alkohol?
Statt Likör schmeckt
Orangensirup.

Schweizer WALNUSSTORTE

FÜR 1 SPRINGFORM (26 CM Ø, 12 STÜCKE)

Für den Mürbeteig:

300 g Mehl
Salz
100 g Zucker
1 Ei (M)
150 g kalte Butter

Für die Füllung:

250 g Walnusskerne
100 g Zucker
½ TL Zimtpulver
200 g Sahne
30 g Speisestärke
100 g Tannenhonig

Außerdem:

Mehl zum Arbeiten
Butter für die Form
1 Eigelb (M)
2 EL Milch

Zubereitungszeit: 45 Min.
+ 30 Min. Kühlzeit
+ 45 Min. Backzeit
Pro Stück ca. 495 kcal,
7 g E, 31 g F, 47 g KH

1 Für den Teig Mehl, 1 Prise Salz, Zucker und Ei in eine Rührschüssel geben und mit den Rührbesen des Handrührgeräts vermischen. Die Butter in kleinen Stücken zugeben und alles rasch zu einem geschmeidigen Teig verrühren. Den Teig auf wenig Mehl zu einer Kugel formen, in Frischhaltefolie wickeln und ca. 30 Min. kühlen.

2 In der Zwischenzeit für die Füllung die Walnusskerne im Blitzhacker fein hacken. Zucker, Zimt, Sahne, Stärke und Honig in einem Topf mit dem Schneebesen glatt rühren und aufkochen. Die gehackten Walnüsse unterrühren und die Nussmasse erneut unter Rühren aufkochen lassen. Dann vom Herd nehmen.

3 Den Backofen auf 180° vorheizen. Den Boden der Form mit Backpapier belegen, den Rand mit Butter einfetten. Gut die Hälfte des Teigs zwischen Frischhaltefolie zu einem Kreis (ca. 30 cm ∅) ausrollen. In die Form legen und dabei einen ca. 2 cm hohen Rand hochziehen. Die Nussmasse auf dem Boden verteilen. Den restlichen Teig zwischen Frischhaltefolie in Größe der Form rund ausrollen. Den Kreis auf die Nussmasse stürzen und die Folie abziehen. Mit einer Gabel vorsichtig Linien in den Teigdeckel drücken.

4 Eigelb und Milch verquirlen und den Deckel damit bestreichen. Die Torte im Ofen (Mitte) ca. 45 Min. backen. Dabei zwischendurch mit Alufolie abdecken, damit die Torte nicht zu stark bräunt.

TIPP

Die Torte vor dem Anschneiden am besten 2 Tage durchziehen lassen. So kann sie ihr volles Aroma entfalten.

MEHL

Feines FESTTAGS-gebäck

Zitronige SCHNEEFLOCKEN-torte

FÜR 1 SPRINGFORM (26 CM Ø, 12 STÜCKE)

Für das Baiser:

- 2 Eiweiß (M)
- 80 g Zucker
- 20 g Speisestärke

Für die Zitronen-Kokos-Creme:

- 100 g weiße Kuvertüre
- 2 Bio-Zitronen
- 75 g Zucker
- 100 g gemahlene gehäutete Mandeln
- 100 g Kokosraspel
- 200 g Sahne

Für den Biskuit:

- 75 g Löffelbiskuits
- 40 g Speisestärke
- 4 Eier (M)
- 75 g Zucker
- 1 Pck. Vanillezucker

Zubereitungszeit: 1 Std. + 1 Std. 35 Min. Backzeit
Pro Stück ca. 360 kcal, 7 g E, 21 g F, 35 g KH

1 Für das Baiser den Backofen auf 200° vorheizen, ein Backblech mit Backpapier belegen. Eiweiße und Zucker in eine Rührschüssel geben und weißcremig, aber nicht steif aufschlagen. Die Stärke unterrühren und die Masse auf das Blech streichen. Den Ofen auf 100° schalten und das Baiser im Ofen (Mitte) ca. 1 Std. sanft backen, dabei nach ca. 10 Min. ein Backblech darüber einschieben. Herausnehmen und abkühlen lassen.

2 Für die Creme die Kuvertüre mit einem Messer hacken und in einer hitzebeständigen Schüssel über dem heißen Wasserbad schmelzen. In der Zwischenzeit die Zitronen heiß abwaschen und abtrocknen. Von 1 Zitrone die Schale abreiben, dann beide Früchte auspressen. Zitronenschale, Zucker, Mandeln und Kokosraspel in einer Rührschüssel mit dem Küchenspatel vermischen. Zitronensaft und Kuvertüre unterrühren. Die Kokoscreme abkühlen lassen.

3 Für den Biskuit den Backofen auf 180° vorheizen. Den Boden der Form mit Backpapier belegen. Die Löffelbiskuits in einen Gefrierbeutel geben, verschließen und mit einer Teigrolle zerdrücken. Brösel und Speisestärke mischen. Eier, Zucker und Vanillezucker in einer Rührschüssel mit den Rührbesen des Handrührgeräts auf höchster Stufe hellschaumig rühren. Die Bröselmischung mit dem Küchenspatel unterrühren. Die Masse in die Form füllen und im Ofen (Mitte) 30–35 Min. backen. Abgekühlt aus der Form lösen.

4 Die Sahne in einem hohen Rührbecher steif schlagen, dann mit dem Schneebesen unter die Kokoscreme rühren. Den Biskuit waagerecht halbieren und 1 Boden mit der Hälfte der Creme bestreichen. Den zweiten Boden auflegen und die Torte mit der restlichen Creme überziehen. Das Baiser zerbröseln und daraufstreuen.

Besonders schnell:
100 g fertig gekaufte
Baisers zerbröseln.

Dresdner
CHRISTSTOLLEN

FÜR 1 STOLLEN (16 SCHEIBEN)

100 g Mandeln
75 g Orangeat
75 g Zitronat
200 g Sultaninen
4 EL Rum (ersatzweise Orangensaft)
100 ml Milch
30 g frische Hefe | Salz
60 g Zucker
1 EL Vanillezucker
500 g Weizenmehl (Type 550)
1 TL abgeriebene Schale von 1 Bio-Zitrone
2 TL Stollengewürz
300 g weiche Butter
1 Ei (M)
100 g Puderzucker

Außerdem:
Mehl zum Arbeiten

Zubereitungszeit: 45 Min.
+ 12 Std. Quellzeit
+ 1 Std. 25 Min. Ruhezeit
+ 50 Min. Backzeit
Pro Scheibe ca. 415 kcal, 6 g E, 20 g F, 49 g KH

1 Am Vortag Mandeln, Orangeat und Zitronat im Blitzhacker fein hacken. In eine Schüssel umfüllen. Sultaninen, Rum und 4 EL Wasser untermischen und den Früchtemix abgedeckt über Nacht im Kühlschrank quellen lassen.

2 Am nächsten Tag die Milch lauwarm erhitzen. Milch, Hefe, 1 Prise Salz, Zucker und Vanillezucker in einer Rührschüssel verrühren und ca. 10 Min. ruhen lassen. Mehl, Zitronenschale, Stollengewürz, 200 g Butter und Ei zugeben und mit den Knethaken des Handrührgeräts zu einem geschmeidigen Teig verkneten. Den Früchtemix unterkneten. Den Teig abgedeckt ca. 45 Min. gehen lassen.

3 Ein Backblech mit Backpapier belegen. Den Teig auf der bemehlten Arbeitsfläche nochmals kurz durchkneten. Dann zu einem Laib formen und mit einer Teigrolle mittig eine Mulde eindrücken. Eine Teighälfte so auf die andere legen, dass die untere Teighälfte etwas übersteht. Den Stollen auf das Backblech legen und wieder ca. 30 Min. gehen lassen.

4 Inzwischen den Backofen auf 190° vorheizen. Den Stollen im Ofen (2. Schiene von unten) 40–50 Min. backen. Kurz vor Ende der Backzeit die übrigen 100 g Butter schmelzen. Den Stollen aus dem Ofen nehmen, mit der Butter bepinseln und mit 50 g Puderzucker bestäuben. Auf einem Kuchengitter ganz auskühlen lassen, dann mit dem restlichen Puderzucker bestäuben.

TIPP

Am besten schmeckt der Stollen nach 3–4 Wochen. Dafür in mehrere Lagen Frischhaltefolie wickeln und kühl und dunkel lagern.

Kleine QUARKSTOLLEN

FÜR 30 STÜCK

1 Bio-Orange | 400 g Soft-Aprikosen | 2 Eier (M) | 275 g weiche Butter | 250 g Magerquark | 200 g Zucker | 1 Pck. Vanillezucker | 500 g Mehl | 1 Pck. Backpulver | Salz | 1 TL gemahlener Kardamom | 80 g gemahlene Mandeln | 75 g Puderzucker | Mehl zum Arbeiten

Zubereitungszeit: 30 Min. + 1 Std. Quellzeit + 40 Min. Backzeit

Pro Stück ca. 220 kcal, 4 g E, 10 g F, 30 g KH

1 Die Orange heiß abwaschen, abtrocknen, 1 TL Schale abreiben und den Saft auspressen. Die Aprikosen im Blitzhacker fein hacken. Die gehackten Aprikosen in eine Schüssel umfüllen, mit 75 ml Orangensaft beträufeln und ca. 1 Std. quellen lassen.

2 Eier, 200 g Butter, Quark, Zucker und Vanillezucker in eine Rührschüssel geben und mit den Rührbesen des Handrührgeräts auf höchster Stufe verrühren. Mehl, Backpulver, 1 Prise Salz, Kardamom und Orangenschale zugeben und alles zu einem cremigen Teig verrühren. Mandeln und Aprikosen unterrühren.

3 Den Backofen auf 200° vorheizen, zwei Backbleche mit Backpapier belegen. Den Teig auf der bemehlten Arbeitsfläche zu 30 kleinen Broten (2,5 × 6 cm) formen. Die Brote jeweils längs einkerben, auf die Bleche legen und im Ofen (Mitte) in je ca. 20 Min. goldbraun backen. Die übrigen 75 g Butter schmelzen. Die Stollen aus dem Ofen nehmen, sofort mit der geschmolzenen Butter bestreichen und mit Puderzucker bestäuben. Dann abkühlen lassen.

Glühwein-
MINI-GUGELS

FÜR 1 30ER-MINI-GUGELHUPF-FORM

75 ml Rotwein (ersatzweise roter Traubensaft) | 1 Beutel Glühweingewürz | 100 g weiche Butter | 100 g Zucker | Salz | 2 Eier (M) | 100 g Mehl | 2 TL Kakaopulver | ½ TL Backpulver | Puderzucker zum Bestäuben | Butter und gemahlene Mandeln für die Form

Zubereitungszeit: 25 Min. + 20 Min. Backzeit
Pro Gugel ca. 70 kcal, 1 g E, 4 g F, 8 g KH

1 Den Wein mit dem Glühweingewürz in einem Topf erhitzen, aber nicht kochen lassen. Vom Herd nehmen und den Glühwein ca. 15 Min. ziehen lassen, dann den Gewürzbeutel herausnehmen.

2 Den Backofen auf 180° vorheizen. Die Mulden der Form dünn mit Butter einpinseln und mit gemahlenen Mandeln ausstreuen. Butter, Zucker, 1 Prise Salz und Eier in eine Rührschüssel geben und mit den Rührbesen des Handrührgeräts auf höchster Stufe hellcremig rühren. Mehl, Kakaopulver, Backpulver und Glühwein zugeben und alles zu einem cremigen Teig verrühren.

3 Den Teig mit einem Teelöffel in die Formmulden füllen und im Ofen (Mitte) ca. 20 Min. backen. Die Gugels aus dem Ofen nehmen und kurz abkühlen lassen. Dann vorsichtig aus der Form lösen und ganz auskühlen lassen. Mit Puderzucker bestäubt servieren.

XXL-PRALINENTORTE

FÜR 1 QUADRATISCHE KUCHENFORM (24 × 24 CM, 16 STÜCKE)

Für den Biskuit:
- 150 g Zartbitter-Schokolade
- 200 g Zucker
- 200 g weiche Butter
- 6 Eier (M) | Salz
- 180 g Mehl
- 1 TL Backpulver

Für Füllung und Glasur:
- 200 g Sahne
- 200 g Zartbitter-Schokolade
- 250 g Marzipanrohmasse
- 150 g Puderzucker
- 300 g Quittengelee
- 2 EL Orangenlikör
- 200 g Zartbitter-Kuvertüre
- 100 g Zucker

Außerdem:
- Butter für die Form
- Ausstecher (Stern, in drei Größen)

Zubereitungszeit: 1 Std. 45 Min. + 45 Min. Backzeit + 4 Std. Ruhezeit + 12 Std. Trockenzeit
Pro Stück ca. 625 kcal, 8 g E, 35 g F, 67 g KH

1 Backofen auf 180° vorheizen, den Formboden mit Butter einfetten. Für den Biskuit Schokolade hacken. Mit Zucker und Butter in einen Topf geben und unter Rühren bei schwacher Hitze schmelzen. Die Schokomasse in eine Rührschüssel umfüllen und ca. 10 Min. abkühlen lassen. Eier trennen, die Eigelbe zur Schokomasse geben und mit dem Handrührgerät aufschlagen. Die Eiweiße mit 1 Prise Salz in einem hohen Rührbecher steif schlagen. Den Eischnee zur Schokomasse geben, Mehl und Backpulver darübersieben und alles mit dem Küchenspatel locker vermischen. Die Masse in die Form füllen und im Ofen (Mitte) ca. 45 Min. backen. Den Biskuit leicht abgekühlt aus der Form lösen und ca. 2 Std. ruhen lassen.

2 Für die Füllung die Sahne in einem Topf bei mittlerer Hitze erhitzen. Schokolade in Stücke brechen und in der heißen Sahne unter Rühren schmelzen. Kräftig mit dem Schneebesen verrühren, die Schokocreme umfüllen und abgedeckt mindestens 2 Std. ruhen lassen. Marzipan und Puderzucker verkneten.

3 Den Biskuit zweimal waagerecht durchschneiden. Gelee mit Likör verrühren und einen Boden mit einem Drittel davon bestreichen. Die Hälfte der Schokocreme daraufgeben und den zweiten Boden auflegen. Wiederholen, den dritten Boden auflegen und mit dem letzten Drittel Gelee bestreichen. Zwei Drittel vom Marzipan zwischen Frischhaltefolie zu einem Quadrat (28 × 28 cm) ausrollen, auf die Torte legen und rundum andrücken.

4 Für die Glasur die Kuvertüre grob hacken. Kuvertüre, Zucker und 100 ml Wasser in einen Topf geben und bei schwacher Hitze unter Rühren schmelzen. Die Torte mit der Schokoglasur überziehen und ca. 12 Std. oder über Nacht trocknen lassen. Aus dem übrigen Marzipan Sterne ausstechen und auf die Torte legen.

LEBKUCHEN-Muffins

FÜR 1 12ER-MUFFINFORM

150 g gebrannte Mandeln (Fertigprodukt) | 100 g Honig | 75 g brauner Zucker | 75 g Butter | 40 ml Milch | 2 Eier (M) | 200 g Vollkorn-Dinkelmehl | 2 TL Backpulver | 2 TL Lebkuchengewürz | 1 EL Kakaopulver | Puderzucker zum Bestäuben | 12 Muffin-Papierförmchen

Zubereitungszeit: 20 Min. + 25 Min. Backzeit
Pro Muffin ca. 260 kcal, 5 g E, 10 g F, 37 g KH

1 Den Backofen auf 180° vorheizen, die Papierförmchen in die Mulden der Form setzen. Die Mandeln fein hacken. 2 EL der gehackten Mandeln zum Bestreuen beiseitestellen.

2 Honig, Zucker, Butter und Milch in einen Topf geben und erwärmen, bis die Butter geschmolzen ist. In eine Rührschüssel umfüllen. Eier, Mehl, Backpulver, Lebkuchengewürz und Kakaopulver zufügen. Alles mit den Rührbesen des Handrührgeräts auf höchster Stufe verrühren. Zuletzt die gehackten Mandeln unterheben.

3 Den Teig in die Förmchen füllen, mit den übrigen gehackten Mandeln bestreuen und im Ofen (Mitte) ca. 25 Min. backen. Herausnehmen, die Muffins leicht abgekühlt aus der Form lösen und mit Puderzucker bestäuben.

Mandel-MÖHREN-MUFFINS

FÜR 1 12ER-MUFFINFORM

200 g Möhren | 200 g Mehl | 100 g gemahlene Mandeln | 2 TL Backpulver | Salz | 120 g Rohrohrzucker | 80 ml Rapsöl | 2 Eier (M) | 200 g Joghurt | 100 g Marzipanrohmasse | 50 g Puderzucker | 10 Tropfen grüne Lebensmittelfarbe | 125 g bunte Zuckereier | 12 Muffin-Papierförmchen

Zubereitungszeit: 20 Min. + 20 Min. Backzeit
Pro Muffin ca. 335 kcal, 6 g E, 16 g F, 42 g KH

1 Den Backofen auf 180° vorheizen, die Papierförmchen in die Mulden der Form setzen. Die Möhren schälen und fein raspeln. Möhren, Mehl, Mandeln, Backpulver, 1 Prise Salz, Zucker, Öl, Eier und Joghurt in eine Rührschüssel geben und mit den Rührbesen des Handrührgeräts auf höchster Stufe zu einem geschmeidigen Teig verrühren.

2 Den Teig in die Förmchen füllen und im Ofen (Mitte) ca. 20 Min. backen. Herausnehmen, die Muffins leicht abgekühlt aus der Form lösen.

3 Marzipan, Puderzucker und Lebensmittelfarbe verkneten, bis das Marzipan vollständig gefärbt ist. Das gefärbte Marzipan durch eine Knoblauchpresse drücken. Die Marzipanfäden zu kleinen Nestern formen, auf die Muffins setzen und mit den Zuckereiern dekorieren.

STRACCIATELLA-*Muffins*

FÜR 1 12ER-MUFFINFORM

100 g Zartbitter-Schokolade | 30 g getrocknete Sauerkirschen | 150 g Mehl | 100 g gemahlene Mandeln | 2 TL Backpulver | 2 Eier (M) | 75 g Zucker | 2 Pck. Vanillezucker | 100 ml Rapsöl | 150 g saure Sahne | Deko-Blüten aus Esspapier (Fertigprodukt) | 12 Muffin-Papierförmchen

Zubereitungszeit: 15 Min. + 20 Min. Backzeit

Pro Muffin ca. 280 kcal, 6 g E, 19 g F, 22 g KH

1 Den Backofen auf 180° vorheizen, die Papierförmchen in die Mulden der Form setzen. Schokolade und Kirschen mit einem Messer fein hacken.

2 Schokolade, Kirschen, Mehl, Mandeln, Backpulver, Eier, Zucker, Vanillezucker, Öl und saure Sahne in eine Rührschüssel geben und mit den Rührbesen des Handrührgeräts auf höchster Stufe zu einem geschmeidigen Teig verrühren.

3 Den Teig in die Förmchen füllen und im Ofen (Mitte) ca. 20 Min. backen. Die Muffins leicht abgekühlt aus der Form lösen und mit den Blüten dekorieren.

Crunchy BEEREN-MUFFINS

FÜR 1 12ER-MUFFINFORM

150 g Rote und Schwarze Johannisbeeren | 200 g Dinkelmehl (Type 1050) | 2 TL Backpulver | 1 Ei (M) | 1 Pck. Vanillezucker | 70 g Ahornsirup | 100 ml Rapsöl | 200 g Buttermilch | 120 g Beeren-Crunchy-Müsli | 12 rote Fruchtgummischnüre | 12 Muffin-Papierförmchen

Zubereitungszeit: 25 Min. + 20 Min. Backzeit

Pro Muffin ca. 220 kcal, 4 g E, 12 g F, 23 g KH

1 Den Backofen auf 180° vorheizen, die Papierförmchen in die Mulden der Form setzen. Die Johannisbeeren waschen, trocken tupfen und von den Rispen streifen.

2 Mehl, Backpulver, Ei, Vanillezucker, Ahornsirup, Öl und Buttermilch in eine Rührschüssel geben und mit den Rührbesen des Handrührgeräts auf höchster Stufe zu einer glatten Masse verrühren. Die Johannisbeeren und 60 g Müsli zufügen und unterheben.

3 Den Teig in die Förmchen füllen, mit den restlichen 60 g Müsli bestreuen und im Ofen (Mitte) ca. 20 Min. backen. Die Muffins leicht abgekühlt aus der Form lösen und mit je 1 Fruchtgummischnur zu Päckchen verschnüren.

Honig-LEBKUCHEN

FÜR CA. 40 STÜCK

Für den Honigkuchenteig:

300 g Honig
150 g Rohrohrzucker
100 g Butter
1 EL Kakaopulver
1 Pck. Lebkuchengewürz (15 g)
1 Ei (M)
500 g Mehl
1 Pck. Backpulver

Für Glasur und Deko:

1 ganz frisches Eiweiß (M)
250 g Puderzucker
flüssige Speisefarbe (grün, rot)
Zuckerstreusel
Kokosraspel

Außerdem:

Butter für das Blech
Mehl zum Arbeiten
Ausstecher (Tannenbaum, Nikolausstiefel)

Zubereitungszeit: 1 Std. 30 Min. + 20 Min. Ruhezeit + 30 Min. Backzeit
Pro Stück ca. 135 kcal, 2 g E, 3 g F, 26 g KH

1 Für den Teig Honig, Zucker und Butter in einen Topf geben und bei mittlerer Hitze ca. 10 Min. unter gelegentlichem Rühren kochen. Die Mischung in eine Rührschüssel umfüllen und 5 Min. abkühlen lassen. Dann Kakaopulver, Lebkuchengewürz und Ei zufügen und mit dem Schneebesen zügig unterrühren. Mehl und Backpulver zugeben und alles mit den Knethaken des Handrührgeräts ca. 1 Min. verrühren. Die Masse auf der Arbeitsfläche mit den Händen zu einem glatten Teig verkneten.

2 Zwei Backbleche mit Backpapier belegen und dünn mit Butter einfetten, damit die Lebkuchen beim Backen nicht austrocknen. Den Teig auf der dünn bemehlten Arbeitsfläche ca. 5 mm dick ausrollen. Tannenbäume und Stiefel ausstechen, auf die Backbleche legen und ca. 20 Min. ruhen lassen.

3 Den Backofen auf 180° vorheizen. Die Lebkuchen nacheinander im Ofen (Mitte) ca. 15 Min. backen. Herausnehmen, mit dem Papier vom Blech ziehen und abkühlen lassen.

4 Für die Glasur das Eiweiß in einer kleinen Rührschüssel mit den Rührbesen des Handrührgeräts auf höchster Stufe ca. 1 Min. aufschlagen. Puderzucker zugeben und zu einer glatten Masse verrühren. Die Glasur auf drei Schüsseln verteilen. Eine Portion mit Speisefarbe grün, eine Portion rot einfärben, eine Portion weiß lassen.

5 Die Tannenbäume mit grüner Glasur bestreichen und den Rand mit Zuckerstreuseln bestreuen. Die Stiefel mit roter Glasur bestreichen und leicht antrocknen lassen. Dann den Schaft mit weißer Glasur bestreichen und mit Kokosraspeln bestreuen.

MADE IN
GERMANY

Kokos-Schoko-MAKRONEN

FÜR 40 STÜCK

1 Bio-Zitrone | 3 Eiweiß (M) | Salz | 200 g Puderzucker | 50 g gemahlene Mandeln | 200 g Kokosraspel | 200 g Zartbitter-Kuvertüre | Spritzbeutel mit Lochtülle (13 mm ∅)

Zubereitungszeit: 30 Min. + 1 Std. 15 Min. Backzeit
Pro Stück ca. 85 kcal, 1 g E, 5 g F, 8 g KH

1 Die Zitrone heiß abwaschen, abtrocknen, die Hälfte der Schale abreiben und 2 TL Saft auspressen. Eiweiße, 1 Prise Salz und Zitronensaft in eine Rührschüssel geben und mit den Rührbesen des Handrührgeräts steif schlagen. Dabei den Puderzucker einrieseln lassen. Mandeln, 170 g Kokosraspel und Zitronenschale mit dem Küchenspatel zügig unter den Eischnee heben.

2 Den Backofen auf 150° vorheizen, ein Backblech mit Backpapier belegen. Die Masse in den Spritzbeutel füllen und Tupfen (3 cm ∅) mit ca. 2 cm Abstand auf das Blech spritzen. Mit den übrigen 30 g Kokosraspeln bestreuen und im Ofen (Mitte) ca. 15 Min. backen. Den Ofen dann auf 50° schalten und ca. 1 Std. weiterbacken. Die Makronen vom Blech nehmen und auf einem Kuchengitter abkühlen lassen.

3 Die Kuvertüre mit einem Messer hacken und in einer hitzebeständigen Schüssel über dem heißen Wasserbad schmelzen. Die Böden der Makronen in die Kuvertüre tauchen, auf Backpapier trocknen lassen.

ZIMTSTERNE mit Mandeln

FÜR 40 STÜCK

1 Bio-Zitrone | 3 Eiweiß (M) | Salz | 300 g Puderzucker | 400 g gemahlene Mandeln | 1 EL Zimtpulver | 1 Msp. gemahlene Nelken | Zucker zum Arbeiten | Ausstecher (Stern, 4 cm ∅)

Zubereitungszeit: 40 Min. + 30 Min. Kühlzeit + 24 Min. Backzeit
Pro Stück ca. 95 kcal, 2 g E, 5 g F, 9 g KH

1 Die Zitrone heiß abwaschen, abtrocknen, die Hälfte der Schale abreiben und 2 TL Saft auspressen. Eiweiße, Zitronensaft und 1 Prise Salz in eine Rührschüssel geben und mit den Rührbesen des Handrührgeräts steif schlagen. Dabei den Puderzucker einrieseln lassen.

2 Von der Schaummasse 4 EL für die Glasur abnehmen und abgedeckt kühlen. Mandeln, Zitronenschale, Zimt und Nelken unter die übrige Masse rühren. Dann abdecken und ca. 30 Min. kühlen.

3 Den Backofen auf 180° vorheizen, zwei Backbleche mit Backpapier belegen. Die Masse auf der mit Zucker bestreuten Arbeitsfläche 4–5 mm dick ausrollen. Auch die Oberfläche leicht zuckern, damit der Teig nicht an der Teigrolle festklebt. Sterne ausstechen, dabei den Ausstecher regelmäßig in Zucker tauchen. Die Sterne mit der Glasur bestreichen, auf die Bleche legen und im Ofen (Mitte) nacheinander in ca. 12 Min. hell backen. Auf einem Kuchengitter abkühlen lassen.

MACADAMIA-Taler

FÜR 40 STÜCK

100 g Macadamianusskerne | 50 g getrocknete Cranberrys | 80 g Rohrohrzucker | 50 g Ahornsirup | 1 EL Butter | 120 g Sahne | 50 g gemahlene Mandeln | 40 g Mehl | 200 g Zartbitter-Kuvertüre

Zubereitungszeit: 30 Min. + 20 Min. Backzeit

Pro Stück ca. 60 kcal, 1 g E, 5 g F, 7 g KH

1 Den Backofen auf 220° vorheizen, zwei Backbleche mit Backpapier belegen. Nüsse im Blitzhacker grob hacken, Cranberrys mit einem Messer grob hacken. Zucker, Ahornsirup, Butter und Sahne in einem Topf unter Rühren erwärmen, bis sich der Zucker aufgelöst hat. In eine Rührschüssel umfüllen. Nüsse, Mandeln und Cranberrys zugeben und alles mit den Rührbesen des Handrührgeräts cremig rühren. Das Mehl zufügen und auf höchster Stufe zügig unterrühren.

2 Von der Nussmasse mit einem Teelöffel kleine Portionen abnehmen und als Häufchen mit 2–3 cm Abstand auf die Bleche setzen. Etwas flach drücken und im Ofen (Mitte) nacheinander in 8–10 Min. goldbraun backen. Die Taler vom Blech nehmen und auf einem Kuchengitter auskühlen lassen.

3 Die Kuvertüre mit dem Messer hacken und in einer hitzebeständigen Schüssel über dem heißen Wasserbad schmelzen. Die Unterseite der Taler mit Kuvertüre bestreichen und auf einem Kuchengitter trocknen lassen. Die Taler zum Aufbewahren in eine Plätzchendose schichten. So halten sie sich 1–2 Wochen.

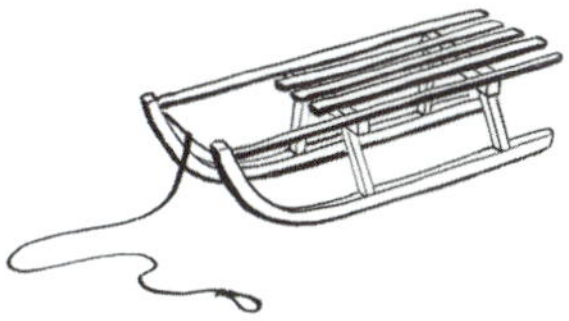

ROLLKEKSE
mit Mohn

FÜR 32 STÜCK

1 Ei (M) | 80 g Butter | 50 g Doppelrahmfrischkäse | 80 g Zucker | 1/4 TL gemahlene Vanille | 200 g Mehl | 1/4 TL Backpulver | Salz | 10 g gemahlener Blaumohn | 30 g Puderzucker

Zubereitungszeit: 30 Min. + 5 Std. Kühlzeit + 20 Min. Backzeit

Pro Stück ca. 60 kcal, 1 g E, 3 g F, 8 g KH

1 Das Ei trennen. Eigelb, Butter, Frischkäse, Zucker und Vanille in einer Rührschüssel mit den Rührbesen des Handrührgeräts cremig rühren. Mehl, Backpulver und 1 Prise Salz zugeben und alles zu einem Teig verrühren. Diesen auf der Arbeitsfläche kurz verkneten, zu einer Kugel formen, in Frischhaltefolie wickeln und ca. 1 Std. kühlen. Mohn und Puderzucker in einer kleinen Schüssel vermischen.

2 Den Teig zwischen zwei Bögen Butterbrotpapier zu einem Rechteck (ca. 20 × 32 cm) ausrollen. Das obere Papier abziehen und die Teigplatte mit der Hälfte vom Mohnzucker bestreuen. Die Teigplatte dann mithilfe des Papiers von der Querseite her aufrollen, in Butterbrotpapier wickeln und ca. 4 Std. kühlen.

3 Den Backofen auf 190° vorheizen, zwei Backbleche mit Backpapier belegen. Das Eiweiß verquirlen. Die Teigrolle auswickeln, mit dem Eiweiß bestreichen und im übrigen Mohnzucker wälzen. Die Rolle in ca. 5 mm dicke Scheiben schneiden, auf die Bleche legen und im Ofen (Mitte) nacheinander in ca. 10 Min. goldgelb backen. Auf einem Kuchengitter auskühlen lassen.

Espresso-CANTUCCINI

FÜR 40 STÜCK

150 g Mandeln | 10 g Espressobohnen | 1 Vanilleschote | 250 g Mehl | 1 TL Backpulver | 200 g Zucker | Salz | 20 g weiche Butter | 2 Eier (M) | 2 EL starker Espresso | Mehl zum Arbeiten

Zubereitungszeit: 40 Min. + 30 Min. Kühlzeit + 37 Min. Backzeit

Pro Stück ca. 70 kcal, 2 g E, 3 g F, 10 g KH

1 Die Mandeln in einer Pfanne ohne Fett in ca. 5 Min. goldbraun rösten. Die Bohnen im Blitzhacker oder in der Kaffeemühle fein mahlen. Die Vanilleschote längs aufschneiden und das Mark herausschaben. Vanillemark, Mehl, Backpulver, Zucker, 1 Prise Salz, Butter, Eier, Espresso und gemahlene Bohnen mit den Rührbesen des Handrührgeräts auf höchster Stufe verrühren. Die Mandeln kurz unterrühren. Den Teig in Frischhaltefolie wickeln und ca. 30 Min. kühlen.

2 Den Backofen auf 180° vorheizen, ein Backblech mit Backpapier belegen. Den Teig halbieren und auf der bemehlten Arbeitsfläche zu zwei ca. 35 cm langen Rollen formen. Die Rollen mit ca. 8 cm Abstand auf das Blech legen und im Ofen (unten) ca. 25 Min. backen. Herausnehmen und ca. 10 Min. abkühlen lassen.

3 Die noch warmen Teigrollen mit einem Sägemesser schräg in ca. 1 cm dicke Scheiben schneiden. Diese mit der Schnittseite auf das Blech legen und bei 180° im Ofen (unten) noch 10–12 Min. rösten. Abkühlen lassen. In einer Dose halten sie sich 2–3 Wochen.

Schoko-COOKIES

FÜR 48 STÜCK

100 g Zartbitter-Schokolade (mind. 70 % Kakao) | 100 g Walnusskerne | 140 g weiche Butter | 120 g brauner Zucker | 1 TL abgeriebene Schale von 1 Bio-Orange | Salz | 2 Eier (M) | 200 g Mehl | 2 TL Backpulver | Chiliflocken zum Bestreuen

Zubereitungszeit: 20 Min. + 24 Min. Backzeit

Pro Stück ca. 75 kcal, 1 g E, 5 g F, 6 g KH

1 Den Backofen auf 200° vorheizen, zwei Backbleche mit Backpapier belegen. Die Schokolade in Stücke brechen und mit den Nüssen im Blitzhacker grob hacken. Butter, Zucker, Orangenschale, 1 Prise Salz und Eier in eine Rührschüssel geben und mit den Rührbesen des Handrührgeräts in ca. 2 Min. auf höchster Stufe cremig rühren. Mehl, Backpulver und Schoko-Nuss-Mix zufügen und zügig unterrühren.

2 Mit einem Teelöffel kleine Teighäufchen mit ca. 2 cm Abstand auf die Bleche setzen, etwas flach drücken. Die Cookies mit je 1 Prise Chiliflocken bestreuen und im Ofen (Mitte) nacheinander in ca. 12 Min. knusprig backen. Vorsichtig vom Blech nehmen und auf einem Kuchengitter auskühlen lassen.

PANETTONE
mit Trockenfrüchten

FÜR 1 GUGELHUPFFORM (24 CM Ø, 16 STÜCKE)

250 ml Milch | 42 g frische Hefe (1 Würfel) | 100 g Zucker | Salz | 500 g Mehl | 125 g weiche Butter | 1 Ei (M) | 3 Eigelb (M) | abgeriebene Schale von ½ Bio-Zitrone | 30 g Zitronatwürfel | 30 g Orangeatwürfel | 50 g Pistazienkerne | 100 g Rosinen | Puderzucker zum Bestäuben (nach Belieben) | Butter für die Form

Zubereitungszeit: 25 Min. + 1 Std. 10 Min. Ruhezeit + 30 Min. Backzeit

Pro Stück ca. 285 kcal, 6 g E, 11 g F, 40 g KH

1 Die Milch lauwarm erhitzen. Milch, Hefe, Zucker und 1 Prise Salz in einer Rührschüssel verrühren und ca. 10 Min. ruhen lassen. Mehl, Butter, Ei, Eigelbe und Zitronenschale zugeben und mit den Knethaken des Handrührgeräts ca. 3 Min. verkneten. Den Teig abgedeckt an einem warmen Ort ca. 30 Min. gehen lassen.

2 Die Form mit Butter einfetten. Zitronat, Orangeat, Pistazien und Rosinen zum Teig geben und mit den Knethaken ca. 4 Min. unterrühren. Den Teig in die Form füllen und abgedeckt ca. 30 Min. gehen lassen.

3 Inzwischen den Backofen auf 180° vorheizen. Den Panettone im Ofen (Mitte) ca. 30 Min. backen. Leicht abgekühlt aus der Form stürzen und auf einem Kuchengitter lauwarm abkühlen lassen. Nach Belieben mit Puderzucker bestäuben und frisch servieren.

Apfel-FRÜCHTEBROT

FÜR 1 KASTENFORM (25 CM LANG, 16 STÜCKE)

750 g säuerliche Äpfel | 150 g getrocknete Früchte (z. B. Aprikosen, Feigen) | 125 g Rohrohrzucker | 100 ml Orangensaft | 40 ml Zitronensaft | 100 g Walnusskerne | 50 g Haselnusskerne | 250 g Dinkelmehl (Type 1050) | 2 TL Backpulver | 2 TL Lebkuchengewürz | 2 TL Kakaopulver | Puderzucker zum Bestäuben | Butter und Mehl für die Form

Zubereitungszeit: 20 Min. + 12 Std. Quellzeit + 1 Std. 10 Min. Backzeit

Pro Stück ca. 210 kcal, 4 g E, 7 g F, 31 g KH

1 Äpfel schälen, vierteln, entkernen und in 1 cm große Würfel schneiden. Trockenfrüchte in 2 Portionen im Blitzhacker hacken. Trockenfrüchte, Äpfel, Zucker, Orangen- und Zitronensaft in einer Rührschüssel verrühren und abgedeckt über Nacht quellen lassen.

2 Am nächsten Tag den Backofen auf 180° vorheizen, die Form mit Butter einfetten und mit Mehl ausstäuben. Die Walnüsse im Blitzhacker fein mahlen. Walnüsse, Haselnusskerne, Mehl, Backpulver, Lebkuchengewürz und Kakaopulver zur Fruchtmischung geben und alles zügig mit den Rührbesen des Handrührgeräts auf hoher Stufe verrühren.

3 Den Teig in die Form füllen und im Ofen (Mitte) ca. 1 Std. 10 Min. backen. Leicht abgekühlt aus der Form stürzen und auf einem Kuchengitter auskühlen lassen. Mit Puderzucker bestäubt servieren. Zum Aufbewahren das Brot zuerst in Frischhaltefolie, dann in Alufolie wickeln. Kühl gelagert 2–3 Wochen haltbar.

Ergibt ca. 60 Plätzchen.

Grundrezept
MÜRBETEIG-PLÄTZCHEN
mit Wunschverzierung

200 g kalte Butter würfeln. Mit 300 g Mehl, 90 g Zucker, 1 Pck. Vanillezucker und 1 Prise Salz in einer Rührschüssel mit den Knethaken des Handrührgeräts kurz vermischen. Dann auf der Arbeitsfläche mit den Händen rasch verkneten. Zu einer Kugel formen, in Frischhaltefolie wickeln und mindestens 1 Std. kühlen. Den Backofen auf 220° vorheizen, zwei Backbleche mit Backpapier belegen. Den Teig auf der bemehlten Arbeitsfäche ca. 3 mm dick ausrollen und verschiedene Motive ausstechen. Auf die Bleche legen und im Ofen (Mitte) nacheinander ca. 10 Min. backen. Auf einem Kuchengitter auskühlen lassen.

Mandel-Zimt-Rauten: Den Teig nach Grundrezept zubereiten, dabei noch 1 TL Zimtpulver untermischen und kühlen. Dann ausrollen. 2 Eigelbe (M) mit 2 EL Milch verquirlen und den Teig damit bestreichen. Mit 50 g Mandelblättchen bestreuen und mit einem Teigrädchen in ca. 2 cm große Rauten schneiden. Auf die Bleche legen und wie beschrieben backen.

Rosa Buttersterne: Den Teig nach Grundrezept zubereiten und kühlen. Dann ausrollen, verschieden große Sterne ausstechen und wie beschrieben backen. Auskühlen lassen. Für die Glasur 125 ml Rote-Bete-Saft auf 3–4 EL einkochen lassen und mit 250 g Puderzucker zu einem glatten Guss verrühren. Die Plätzchen damit bestreichen und antrocknen lassen. Nach Belieben mit Liebesperlen, Zuckerblümchen oder -sternchen verzieren.

Rahmkränzchen: Den Teig nach Grundrezept zubereiten, dabei 100 g Butter durch 100 g saure Sahne ersetzen und kühlen. Dann ausrollen und gezackte Kreise (4 cm ∅) ausstechen. Jeweils in der Mitte ein kleines Loch (1,5 cm ∅) ausstechen. 2 Eigelbe (M) verquirlen. Die Plätzchen damit bestreichen, mit 50 g Hagelzucker bestreuen und wie beschrieben backen.

Kirsch-Streusel-Monde: Den Teig nach Grundrezept zubereiten und kühlen. 100 g Mehl, 50 g Zucker und 50 g kalte Butter zu groben Streuseln verkneten. Den Teig ausrollen, Monde ausstechen und auf die Bleche legen. Mit 1 verquirlten Eigelb (M) bestreichen und mit den Streuseln bestreuen. 30 rote kandierte Kirschen halbieren und je 1 Hälfte auf die Plätzchen setzen. Wie beschrieben backen.

OSTERZOPF
mit Pistaziencreme

FÜR 1 ZOPF (18 SCHEIBEN)

Für den Hefeteig:
100 ml Milch | 100 g Sahne
21 g frische Hefe (½ Würfel)
75 g Zucker | Salz
75 g weiche Butter
2 Eier (M)
1 TL abgeriebene Schale von 1 Bio-Zitrone
1 Prise gemahlener Safran
550 g Weizenmehl (Type 550)

Für die Füllung:
50 g Zucker
½ TL gemahlene Vanille
80 g gehackte Pistazienkerne
1 TL abgeriebene Schale von 1 Bio-Orange
2 TL Speisestärke | 180 ml Milch

Außerdem:
Mehl zum Arbeiten
50 g Sahne
1 Ei (M) | 2 EL Milch

Zubereitungszeit: 45 Min.
+ 1 Std. 25 Min. Ruhezeit
+ 35 Min. Backzeit
Pro Scheibe ca. 245 kcal,
7 g E, 10 g F, 32 g KH

1 Für den Teig Milch und Sahne lauwarm erhitzen. Beides mit Hefe, Zucker und 1 TL Salz in einer Rührschüssel verrühren und ca. 10 Min ruhen lassen. Dann Butter, Eier, Zitronenschale, Safran, und Mehl zugeben. Alles mit den Knethaken des Handrührgeräts in ca. 3 Min. zu einem geschmeidigen Teig verkneten. Den Teig leicht mit Mehl bestäuben und abgedeckt ca. 1 Std. gehen lassen.

2 Für die Füllung Zucker, Vanille, Pistazien, Orangenschale, Stärke und Milch in einen Topf geben und mit dem Schneebesen verrühren. Aufkochen und unter Rühren ca. 1 Min. kochen lassen. Dann umfüllen und abgedeckt abkühlen lassen.

3 Den Backofen auf 180° vorheizen, ein Backblech mit Backpapier belegen. Den Teig auf der dünn bemehlten Arbeitsfläche durchkneten und zu einem Rechteck (ca. 30 × 40 cm) ausrollen. Mit der Sahne bestreichen, dann längs in 3 Streifen teilen.

4 Die Pistaziencreme mit einem Löffel längs auf die Mitte der Teigstreifen geben und diese von der Längsseite her aufrollen. Das Ei trennen und die Nahtstellen mit dem Eiweiß bestreichen. Die Rollen auf das Blech legen, zu einem Zopf flechten und abgedeckt ca. 15 Min. gehen lassen. Eigelb und Milch verquirlen, den Zopf damit bestreichen und im Ofen (Mitte) ca. 35 Min. backen.

TIPP

Für 2 kleinere Zöpfe die gefüllten Rollen quer halbieren und je 3 Rollen verflechten. Ob groß oder klein, ganz easy lässt sich die Pistaziencreme mit einem Gefrierbeutel auf die Teigstreifen auftragen. Dafür die Creme in den Beutel füllen, eine Ecke abschneiden und auf die Teigstreifen spritzen.

Ideal zum
Tiefkühlen

Oster-NESTCHEN

FÜR 8 STÜCK

220 ml Milch | 21 g frische Hefe (½ Würfel) | 60 g Zucker | Salz | 2 Eier (M) | 100 g weiche Butter | 1 Pck. Vanillezucker | 500 g Mehl | Hagelzucker zum Bestreuen | 8 hart gekochte, gefärbte Eier | Mehl zum Arbeiten

Zubereitungszeit: 30 Min. + 1 Std. 10 Min. Ruhezeit + 20 Min. Backzeit

Pro Stück ca. 265 kcal, 16 g E, 19 g F, 56 g KH

1 Für den Hefeteig 200 ml Milch lauwarm erhitzen. Milch, Hefe, Zucker und 1 TL Salz in einer Rührschüssel verrühren und ca. 10 Min. ruhen lassen. Dann 1 Ei trennen. Eiweiß, restliches Ei, Butter, Vanillezucker und Mehl zur Hefemilch geben und alles mit den Knethaken des Handrührgeräts in ca. 3 Min. zu einem geschmeidigen Teig verkneten. Den Teig leicht mit Mehl bestäuben und abgedeckt ca. 1 Std. gehen lassen.

2 Den Backofen auf 180° vorheizen, ein Blech mit Backpapier belegen. Den Teig auf der dünn bemehlten Arbeitsfläche durchkneten, halbieren und zu zwei Rollen formen. Jede Rolle in 8 Stücke schneiden und diese zu ca. 20 cm langen Strängen formen. Je 2 Stränge zu einer Kordel verdrehen, zu einem Kränzchen zusammenlegen und auf das Blech setzen.

3 Übriges Eigelb und übrige 20 ml Milch verquirlen, die Kränzchen damit bestreichen und mit Hagelzucker bestreuen. Im Ofen (Mitte) ca. 20 Min. backen. Herausnehmen und je 1 gefärbtes Ei in die Mitte setzen.

Oster-
HÄSCHEN

FÜR 12 STÜCK

70 ml Milch | 21 g frische Hefe (½ Würfel) | 50 g Zucker | Salz | 2 Eier (M) | 250 g Magerquark | 50 g weiche Butter | 400 g Mehl | Rosinen | Mehl zum Arbeiten

Zubereitungszeit: 30 Min. + 40 Min. Ruhezeit + 20 Min. Backzeit

Pro Stück ca. 200 kcal, 8 g E, 5 g F, 30 g KH

1 Für den Quark-Hefe-Teig 50 ml Milch lauwarm erhitzen. Milch, Hefe, Zucker und 1 kräftige Prise Salz in einer Rührschüssel verrühren und ca. 10 Min. ruhen lassen. Dann 1 Ei trennen. Eiweiß, restliches Ei, Quark und Butter zur Hefemilch geben und mit dem Schneebesen verrühren. Das Mehl zufügen und alles mit den Knethaken des Handrührgeräts in ca. 3 Min. zu einem geschmeidigen Teig verkneten. Den Teig abgedeckt an einem warmen Ort ca. 30 Min. gehen lassen.

2 Den Backofen auf 180° vorheizen, ein Backblech mit Backpapier belegen. Den Teig auf der bemehlten Arbeitsfläche durchkneten, zu einer Rolle formen und in 12 Stücke schneiden. Von jedem Stück etwas Teig für das Schwänzchen abnehmen, das restliche Stück halbieren. Für den Körper eine Hälfte zu einer ca. 20 cm langen Rolle formen und zu einer Schnecke eindrehen. Aus der anderen Hälfte den Kopf formen und mit einer Schere Ohren einschneiden. Kopf, Körper und Schwänzchen zusammensetzen.

3 Übriges Eigelb und übrige 20 ml Milch verquirlen, die Hasen damit bestreichen und Rosinen als Augen aufdrücken. Im Ofen (Mitte) ca. 20 Min. backen.

Biskuit-SCHNITTEN mit Zitronencreme

FÜR 1 BACKBLECH (20 STÜCKE)

Für den Biskuit:
6 Eier (M) | Salz
180 g Zucker
1 Pck. Vanillezucker
180 g Mehl
1 Pck. Vanillepuddingpulver
½ TL Backpulver
100 g Aprikosenkonfitüre
1 EL Zitronensaft

Für die Creme:
400 g Sahne
2 Bio-Zitronen
75 g Puderzucker
500 g Magerquark
200 g Mascarpone
30 g Instant-Gelatine

Außerdem:
bunte Zuckereier
Spritzbeutel mit Lochtülle (11 mm ∅)

Zubereitungszeit: 50 Min. + 30 Min. Backzeit + 30 Min. Kühlzeit
Pro Stück ca. 260 kcal, 9 g E, 13 g F, 26 g KH

1 Den Backofen auf 180° vorheizen, ein Backblech mit Backpapier belegen. Für den Biskuit die Eier trennen. Die Eiweiße mit 1 Prise Salz in eine Rührschüssel geben und mit den Rührbesen des Handrührgeräts steif schlagen. Eigelbe, Zucker und Vanillezucker unterrühren. Mehl, Puddingpulver und Backpulver zufügen und untermischen. Den Teig auf das Blech geben, glatt streichen und im Ofen (Mitte) 25–30 Min. backen.

2 Den Biskuit aus dem Ofen nehmen, auf eine große Platte stürzen und das Papier abziehen. Konfitüre und Zitronensaft glatt rühren. und den noch warmen Kuchen damit bestreichen.

3 Für die Creme die Sahne in einen hohen Rührbecher geben und mit den Rührbesen des Handrührgeräts steif schlagen. Die Zitronen heiß abwaschen, abtrocknen und die Schale fein abreiben.

4 Zitronenschale, Puderzucker, Quark und Mascarpone in eine Rührschüssel geben und mit den Rührbesen des Handrührgeräts cremig rühren. Dabei die Gelatine einrieseln lassen. Die Schlagsahne mit einem Schneebesen unterheben Die Creme abdecken und ca. 30 Min. im Kühlschrank gelieren lassen.

5 Den Biskuit mit der Hälfte der Creme bestreichen und in 20 Stücke schneiden. Die restliche Creme in den Spritzbeutel füllen, auf jedes Stück ein Creme-Nestchen spritzen und einige Zuckereier daraufgeben. Die Biskuitschnitten bis zum Servieren kühlen.

Limetten-Basilikum-CHARLOTTE

FÜR 1 KUPPELTORTE (24 CM Ø, 12 STÜCKE)

Für den Biskuit:
6 Eier (M)
100 g Zucker
80 g Mehl
20 g Speisestärke
150 g Aprikosenkonfitüre
1 EL Zitronensaft

Für die Creme:
3 Bio-Limetten
3 Stängel Basilikum
100 g Puderzucker
250 g Mascarpone
250 g Magerquark
30 g Instant-Gelatine
300 g Sahne

Außerdem:
halbrunde Schüssel (24 cm Ø)

Zubereitungszeit: 50 Min.
+ 12 Min. Backzeit
+ 4 Std. Kühlzeit
Pro Stück ca. 335 kcal,
11 g E, 21 g F, 25 g KH

1 Den Backofen auf 180° vorheizen, ein Backblech mit Backpapier belegen. Für den Biskuit Eier und Zucker in eine Rührschüssel geben und mit den Rührbesen des Handrührgeräts auf höchster Stufe in ca. 5 Min. hellschaumig rühren. Mehl und Stärke dazusieben und mit dem Küchenspatel unterrühren. Den Teig auf das Blech streichen und im Ofen (Mitte) ca. 12 Min. backen. Die Arbeitsfläche mit Backpapier in Größe des Blechs belegen. Den Biskuit daraufstürzen, das Papier abziehen und von der Längsseite her aufrollen.

2 Konfitüre und Zitronensaft in einem Topf erwärmen, bis die Konfitüre flüssig ist. Den Biskuit entrollen, damit bestreichen und wieder aufrollen. Die Rolle in Frischhaltefolie wickeln und kühlen.

3 Für die Creme 1 Limette heiß abwaschen, abtrocknen und die Schale fein abreiben. Alle Limetten auspressen. Basilikum waschen, trocken tupfen und die Blättchen in Streifen schneiden. Limettenschale, Basilikum, Puderzucker, Mascarpone, Quark und Limettensaft in eine Rührschüssel geben und mit den Rührbesen des Handrührgeräts ca. 2 Min. aufschlagen. Dabei die Gelatine einrieseln lassen. Die Sahne in einem hohen Rührbecher steif schlagen. Dann mit einem Schneebesen locker unter die Creme heben.

4 Die Biskuitrolle in ca. 1 cm dicke Scheiben schneiden. Die Schüssel mit Frischhaltefolie auskleiden und mit den Scheiben auslegen. Die Limettencreme einfüllen und glatt streichen. Mit Frischhaltefolie abdecken und mindestens 4 Std. oder über Nacht kühlen. Die Charlotte auf eine Tortenplatte stürzen und die Folie entfernen.

EISTORTE
Fürst-Pückler-Art

FÜR 1 SPRINGFORM (24 CM Ø, 16 STÜCKE)

140 g weiße Baiser-Tropfen
150 g Zartbitter-Kuvertüre
50 g Butter
1 Vanilleschote
500 g Sahne
200 ml Milch
120 g Zucker
6 Eigelb (M)
300 g Joghurt (3,5 % Fett)
1 Bio-Limette
350 g Erdbeeren
50 g Erdbeeraufstrich (ohne Kerne)

Zubereitungszeit: 45 Min. + 30 Min. Kühlzeit + 7 Std. Tiefkühlzeit
Pro Stück ca. 290 kcal, 4 g E, 19 g F, 25 g KH

1 Den Boden der Form mit Backpapier belegen. Baiser-Tropfen in einen Gerfrierbeutel geben, verschließen und mit einer Teigrolle zerdrücken. 40 g Baiser-Brösel für die Deko beiseitestellen. Kuvertüre mit einem Messer grob hacken. Mit der Butter in einen Topf geben und bei schwacher Hitze unter Rühren schmelzen. Übrige 100 g Baiser-Brösel in die Schokomasse rühren. Die Masse auf dem Boden der Form glatt verstreichen und ca. 30 Min. kühlen.

2 Inzwischen die Vanilleschote längs halbieren und das Mark herausschaben. Mark, Sahne, Milch, und 70 g Zucker mischen. Einen Topf zur Hälfte mit Wasser füllen und aufkochen. Eigelbe und übrige 50 g Zucker in einer Rührschüssel mit dem Schneebesen verrühren. Dann über dem heißen Wasserbad ca. 3 Min. aufschlagen. Die Vanillesahne zugießen und alles ca. 5 Min. weiter erhitzen, dabei beständig mit dem Schneebesen rühren. Sobald die Creme sichtbar andickt, sofort in ein kaltes Wasserbad setzen und unter Schlagen abkühlen lassen. Danach halbieren und eine Hälfte kühlen. Die zweite Hälfte mit dem Joghurt verrühren und auf dem Baiser-Boden verteilen. Ca. 3 Std. tiefkühlen, bis die Creme halbfest ist.

3 Limette heiß abwaschen, abtrocknen, 1 TL Schale abreiben und und 2 EL Saft auspressen. Erdbeeren waschen, putzen und 3 große Beeren für die Deko kühlen. Übrige Beeren und Aufstrich in einer Rührschüssel fein pürieren. Limettenschale, -saft und übrige Creme unterrühren. Die Erdbeercreme auf die Vanillecreme streichen und mindestens 4 Std. oder über Nacht tiefkühlen.

4 Die Torte ca. 30 Min. vor dem Servieren aus dem Tiefkühlfach nehmen. Die restlichen Erdbeeren halbieren und auf die Torte legen. Die übrigen 40 g Baiser-Brösel rundherum streuen.

Gut vorzubereiten -
ideal für Gäste!

WALDMEISTER-torte mit Melone

FÜR 1 SPRINGFORM (26 CM Ø, 12 STÜCKE)

Für den Biskuit:

2 Bio-Limetten
150 g Zucker
4 Eier (M)
200 g Mehl

Für Füllung und Belag:

200 ml Orangensaft
1 Pck. Götterspeisepulver Waldmeister (12 g)
100 g Zucker
1 Pck. Vanillezucker
200 g Doppelrahmfrischkäse
1 kleine Cantaloupe-Melone
1 kleine Galia-Melone
200 g Sahne
125 ml heller Traubensaft
1 Pck. klarer Tortenguss

Außerdem:

Butter für die Form
Kugelausstecher

Zubereitungszeit: 45 Min. + 20 Min. Backzeit + 5 Std. Kühlzeit
Pro Stück ca. 335 kcal, 7 g E, 13 g F, 48 g KH

1 Den Backofen auf 200° vorheizen, den Boden der Form mit Butter einfetten. Für den Biskuit die Limetten heiß abwaschen und abtrocknen. Die Schale von 1 Limette fein abreiben, beide Früchte auspressen. Limettenschale, Zucker und Eier in eine Rührschüssel geben und mit den Rührbesen des Handrührgeräts auf höchster Stufe in ca. 5 Min. hellschaumig rühren. Das Mehl rasch mit dem Küchenspatel unterheben. Die Masse in die Form füllen und im Ofen (Mitte) ca. 20 Min. backen. Den Biskuit leicht abgekühlt aus der Form lösen und auskühlen lassen.

2 In der Zwischenzeit für die Füllung Orangensaft, Götterspeisepulver, 80 g Zucker und Vanillezucker in einen Topf geben und bei schwacher Hitze erhitzen. Kurz bevor die Masse kocht, in eine Rührschüssel umfüllen. Frischkäse und 4 EL Limettensaft zufügen und alles mit dem Schneebesen verrühren. Die Waldmeistercreme abkühlen lassen und ca. 1 Std. kühlen, bis sie zu gelieren beginnt.

3 Für den Belag die Melonen halbieren, entkernen und mit dem Kugelausstecher ca. 500 g kleine Kugeln ausstechen. Diese mit 2 EL Limettensaft mischen und kühl stellen.

4 Den Boden auf eine Platte setzen und mit dem Formrand umschließen. Die Sahne steif schlagen. Die Schlagsahne dann mit dem Schneebesen locker unter die Waldmeistercreme heben. Die Creme auf den Biskuit streichen und ca. 1 Std. kühlen.

5 Danach die Melonenkugeln auf die Torte legen. Aus Traubensaft, 125 ml Wasser, den übrigen 20 g Zucker und Tortengusspulver nach Packungsangabe einen Tortenguss zubereiten. Den Guss auf den Kugeln verteilen und die Torte ca. 3 Std. kühlen.

Gut gekühlt
servieren.

HERZKUCHEN
zum Muttertag

FÜR 1 HERZFORM (24 CM Ø, 10 STÜCKE)

½ Bio-Zitrone | 150 g weiche Butter | 325 g Zucker | 4 Eier (M) | Salz | 150 g Mehl | 1 TL Backpulver | 100 g Aprikosenkonfitüre | 1 ganz frisches Eiweiß (M) | 200 g Puderzucker | 10 Zuckerblüten | Butter und Mehl für die Form

Zubereitungszeit: 45 Min. + 45 Min. Backzeit
Pro Stück ca. 360 kcal, 5 g E, 16 g F, 50 g KH

1 Den Backofen auf 180° vorheizen. Die Form mit Butter einfetten und mit Mehl ausstäuben. Die Zitrone heiß abwaschen und abtrocknen. Dann 1 TL Schale abreiben und den Saft auspressen.

2 Für den Rührteig Butter, 125 g Zucker, Eier und 1 Prise Salz in eine Rührschüssel geben und mit den Rührbesen des Handrührgeräts auf höchster Stufe in ca. 2 Min. hellcremig rühren. Zitronenschale, Mehl und Backpulver zugeben und alles mit einem Küchenspatel zügig zu einem cremigen Teig verrühren. Den Teig in die Form füllen und im Ofen (Mitte) ca. 45 Min. backen. Herausnehmen, leicht abgekühlt aus der Form lösen und auf einem Kuchengitter auskühlen lassen. Danach mit Konfitüre bestreichen.

3 Für die Glasur Eiweiß, 1 TL Zitronensaft und Puderzucker in einer kleinen Rührschüssel zu einem glatten Guss verrühren. Den Kuchen mit der Glasur überziehen und antrocknen lassen. Mit Zuckerblüten dekorieren und ganz trocknen lassen.

MANDELHERZ
für den Valentinstag

FÜR 1 HERZFORM (20 CM Ø, 8 STÜCKE)

3 Eier (M) | Salz | 50 g Puderzucker | 1 Pck. Vanillezucker | 1 EL Mandellikör (z. B. Amaretto) | 150 g gemahlene gehäutete Mandeln | 400 g Sahne | 2 EL Himbeersirup | 2–3 Tropfen pinke Lebensmittelfarbe | 100 g Doppelrahmfrischkäse | 15 g Instant-Gelatine | Butter für die Form | Spritzbeutel mit Sterntülle (10 mm ∅)

Zubereitungszeit: 45 Min. + 45 Min. Backzeit + 3 Std. Kühlzeit

Pro Stück ca. 380 kcal, 10 g E, 33 g F, 12 g KH

1 Den Backofen auf 180° vorheizen, den Boden der Form mit Butter einfetten. Für den Biskuit die Eier trennen. Die Eiweiße mit 1 Prise Salz in einem hohen Rührbecher steif schlagen. Eigelbe, Puderzucker, Vanillezucker und Likör in eine Rührschüssel geben und mit den Rührbesen des Handrührgeräts auf höchster Stufe in ca. 2 Min. cremig rühren. Eischnee und Mandeln mit einem Küchenspatel locker unterheben. Den Teig in die Form füllen und im Ofen (Mitte) ca. 45 Min. backen. Herausnehmen und den Biskuit leicht abgekühlt aus der Form lösen.

2 Für die Creme die Sahne in eine Rührschüssel geben und steif schlagen. Sirup, Lebensmittelfarbe und Frischkäse unterrühren. Dabei die Gelatine einrieseln lassen und gut verrühren. Den Kuchen dünn mit Creme bestreichen. Die übrige Creme in den Spritzbeutel füllen und Rosetten auf den Rand spritzen. Den Kuchen mindestens 3 Std. kühlen.

Trendy REGENBOGEN-torte

FÜR 1 SPRINGFORM (24 CM Ø, 12 STÜCKE)

Für den Rührteig:
6 Eier (M)
250 g Zucker
250 g weiche Butter
350 g Mehl
1 TL Backpulver
flüssige Lebensmittelfarbe (gelb, grün, blau, rot, lila)

Für die Creme:
150 g weiße Kuvertüre
150 g Creme fraîche
500 g Sahne

Außerdem:
Butter für die Form

Zubereitungszeit: 1 Std. 30 Min.
+ 1 Std. 15 Min. Backzeit
+ 4 Std. Kühlzeit
Pro Stück ca. 625 kcal,
9 g E, 43 g F, 51 g KH

1 Den Backofen auf 180° vorheizen. Den Boden der Form mit Backpapier belegen, den Rand mit Butter einfetten. Für den Teig die Eier trennen. Die Eiweiße mit 50 g Zucker in einem hohen Rührbecher mit den Rührbesen des Handrührgeräts steif schlagen.

2 Die Eigelbe mit den restlichen 200 g Zucker und Butter in Stücken in eine Rührschüssel geben und mit den Rührbesen des Handrührgeräts auf höchster Stufe in ca. 2 Min. hellcremig rühren. Eischnee, Mehl und Backpulver zugeben und mit dem Küchenspatel unter die Eigelbmasse mischen.

3 Den Teig in 5 Portionen teilen und mit je 4–5 Tropfen Lebensmittelfarbe einfärben. Eine Teigportion in die Form füllen, glatt streichen und im Ofen (Mitte) ca. 15 Min. backen, dabei mit Alufolie abdecken. Leicht abgekühlt auf eine Platte stürzen und das Papier abziehen. Mit den übrigen Portionen wiederholen.

4 Für die Creme die Kuvertüre mit einem Messer fein hacken. Gehackte Kuvertüre und Crème fraîche in einen Topf geben und bei schwacher Hitze schmelzen. In eine Schüssel umfüllen und abgedeckt im Kühlschrank ca. 1 Std. abkühlen lassen.

5 Die Sahne in einer Rührschüssel steif schlagen. Die abgekühlte Kuvertüre löffelweise mit dem Schneebesen in die Schlagsahne rühren. 4 Böden mit einem Drittel der Creme bestreichen und in Regenbogenfarben zusammensetzen. Die Torte mit der restlichen Creme überziehen und ca. 3 Std. kühlen.

100 g Fondantmasse ausrollen,
Einhörner ausstechen und die
Torte damit dekorieren.

Dinkel

Brötchen & BROT frisch vom Blech

Knusprige MOHNBRÖTCHEN

FÜR 12 BRÖTCHEN

Für den Hefeteig:
42 g frische Hefe (1 Würfel)
2 EL Honig
Salz
380 g Weizenmehl (Type 1050)
350 g Weizenmehl (Type 550)
1 EL Rapsöl

Außerdem:
2 EL Blaumohn
Mehl zum Arbeiten
Sprühflasche

Zubereitungszeit: 2 Std.
+ 1 Std. 40 Min. Ruhezeit
+ 30 Min. Backzeit
Pro Stück ca. 245 kcal,
8 g E, 3 g F, 45 g KH

1 Hefe, 400 ml warmes Wasser, Honig und 1 ½ TL Salz in eine Rührschüssel geben, verrühren und ca. 10 Min. ruhen lassen. Dann beide Mehlsorten und das Öl zufügen und alles mit den Knethaken des Handrührgeräts in ca. 6 Min. zu einem geschmeidigen Teig verkneten. Den Teig abgedeckt an einem warmen Ort ca. 30 Min. gehen lassen. Dann nochmals mit bemehlten Händen gut durchkneten und ca. 30 Min. gehen lassen.

2 Den Teig danach auf der bemehlten Arbeitsfläche durchkneten und zu einer Rolle formen. Diese ca. 10 Min. ruhen lassen. Inzwischen 100 ml Wasser und 20 g Salz verrühren und in die Sprühflasche füllen. Ein Backblech mit Backpapier belegen.

3 Die Teigrolle in 12 Stücke teilen. Die Teiglinge mit den Händen zu Quadraten (ca. 8 × 8 cm) flach drücken, die Ecken zur Mitte falten und andrücken. Die Teiglinge dann umdrehen und auf der Arbeitsfläche in der hohlen Hand rund rollen. Die fertig geformten Brötchen mit Salzwasser besprühen, mit einem Messer kreuzweise einritzen und im Mohn wälzen. Die Brötchen auf das Blech setzen und erneut ca. 20 Min. gehen lassen.

4 Inzwischen den Backofen auf 250° vorheizen. Eine hitzebeständige Schale mit 500 ml heißem Wasser auf den Ofenboden stellen und die Brötchen im Ofen (Mitte) ca. 10 Min. backen. Den Backofen dann auf 200° schalten und die Brötchen ca. 10 Min. weiterbacken. Die Brötchen herausnehmen, wieder mit Salzwasser besprühen, das Blech um 180° drehen und zurück in den Ofen schieben. Die Brötchen in 8–10 Min. fertig backen. Herausnehmen, mit dem Papier vom Blech ziehen und auf einem Kuchengitter auskühlen lassen.

Schweizer BÜRLI

FÜR 15 BRÖTCHEN

400 g Mehl | 100 g Roggenmehl (Type 1150) | 21 g frische Hefe (½ Würfel) | Salz

Zubereitungszeit: 20 Min. + 12 Std. Ruhezeit + 20 Min. Backzeit

Pro Stück ca. 110 kcal, 4 g E, 0 g F, 23 g KH

1 Beide Mehlsorten, Hefe, 2 TL Salz und 340 ml Wasser in eine Rührschüssel geben und mit den Knethaken des Handrührgeräts in ca. 3 Min. zu einem geschmeidigen Teig verkneten. Den Teig abgedeckt ca. 12 Std. oder über Nacht im Kühlschrank gehen lassen.

2 Danach den Backofen auf 240° vorheizen, ein Backblech mit Backpapier belegen. Vom Teig mit einem Esslöffel 15 Portionen abnehmen und mit dem Finger auf das Blech abstreifen. Die Brötchen im Ofen (Mitte) in ca. 20 Min. sehr kross backen. Herausnehmen und auf einem Kuchengitter abkühlen lassen.

LAUGEN-brötchen

FÜR 8 BRÖTCHEN

21 g frische Hefe (½ Würfel) | Salz | 1 Prise Zucker | 500 g Weizenmehl (Type 550) | 50 g weiche Butter | 50 g Natron | Mehl zum Arbeiten

Zubereitungszeit: 1 Std. + 30 Min. Backzeit

Pro Stück ca. 260 kcal, 7 g E, 6 g F, 45 g KH

1 Für den Hefeteig 240 ml warmes Wasser, Hefe, 1 TL Salz und Zucker in eine Rührschüssel geben, verrühren und ca. 10 Min. ruhen lassen. Dann Mehl und Butter zugeben und alles mit den Knethaken des Handrührgeräts in ca. 2 Min. zu einem geschmeidigen Teig verkneten. Den Teig auf der bemehlten Arbeitsfläche zu einer Rolle formen und in 8 Stücke teilen. Die Stücke zu Kugeln formen.

2 Ein Backblech mit Backpapier belegen. Für die Lauge in einem Topf 1 l Wasser aufkochen, vom Herd nehmen und das Natron darin auflösen. Die Teigkugeln jeweils 30 Sek. in der Natronlauge baden, mit einem Schaumlöffel herausheben und auf das Blech legen.

3 Die Brötchen in den kalten Backofen (Mitte) schieben, den Ofen auf 200° schalten und die Brötchen in ca. 30 Min. goldbraun backen. Herausnehmen und auf einem Kuchengitter abkühlen lassen.

Toll zu Kräuter-
Frischkäse!

Sonnenblumenkern-BRÖTCHEN

FÜR 15 BRÖTCHEN

2 Pck. Trockenhefe (à 7 g) | 100 g saure Sahne | 50 ml Sonnenblumenöl | 1 EL Zucker | Salz | 400 g Vollkorn-Weizenmehl | 350 g Weizenmehl (Type 1050) | 100 g Sonnenblumenkerne | Mehl zum Arbeiten | Sprühflasche

Zubereitungszeit: 40 Min. + 1 Std. 5 Min. Ruhezeit + 20 Min. Backzeit

Pro Stück ca. 225 kcal, 7 g E, 7 g F, 34 g KH

1 Hefe, 350 ml warmes Wasser, saure Sahne, Öl, Zucker und 1 TL Salz in einer Rührschüssel verrühren und ca. 10 Min ruhen lassen. Dann beide Mehlsorten und 50 g Sonnenblumenkerne zufügen und alles mit den Knethaken des Handrührgeräts in ca. 3 Min. zu einem geschmeidigen Teig verkneten. Abgedeckt ca. 40 Min. gehen lassen. 100 ml Wasser und 20 g Salz verrühren und in die Sprühflasche füllen.

2 Ein Backblech mit Backpapier belegen. Den Teig auf der bemehlten Arbeitsfläche zu einer Rolle formen und in 15 Stücke teilen. Diese mit den Händen zu Quadraten (ca. 8 × 8 cm) flach drücken, die Ecken zur Mitte falten und andrücken. Dann umdrehen und auf der Arbeitsfläche in der hohlen Hand rund rollen. Die Brötchen mit Salzwasser besprühen, kreuzweise einritzen und mit den übrigen Kernen bestreuen. Auf das Blech setzen und ca. 15 Min. gehen lassen.

3 Inzwischen den Backofen auf 200° vorheizen. Die Brötchen im Ofen (Mitte) in ca. 20 Min. goldbraun backen. Auf einem Kuchengitter abkühlen lassen.

Süße MILCHBRÖTCHEN

FÜR 8 BRÖTCHEN

200 ml Milch | 30 g frische Hefe | 50 g Zucker | 1 Pck. Vanillezucker | 2 EL Honig | Salz | 50 g weiche Butter | 550 g Weizenmehl (Type 550) | 2 Eier (M) | 1 Eigelb (M) | Mehl zum Arbeiten

Zubereitungszeit: 40 Min. + 1 Std. 20 Min. Ruhezeit + 25 Min. Backzeit

Pro Stück ca. 365 kcal, 11 g E, 9 g F, 59 g KH

1 175 ml Milch lauwarm erhitzen. Milch, Hefe, Zucker, Vanillezucker, Honig, 1 TL Salz und Butter in einer Rührschüssel verrühren und ca. 10 Min. ruhen lassen. Dann Mehl und Eier zufügen und alles mit den Knethaken des Handrührgeräts in ca. 2 Min. zu einem geschmeidigen Teig verkneten. Den Teig abgedeckt an einem warmen Ort ca. 40 Min. gehen lassen.

2 Ein Backblech mit Backpapier belegen. Den Teig auf der bemehlten Arbeitsfläche nochmals durchkneten, zu einer Rolle formen und in 8 Stücke teilen. Die Teiglinge mit den Händen zu Quadraten (ca. 8 × 8 cm) flach drücken, die Ecken zur Mitte falten und andrücken. Dann umdrehen und auf der Arbeitsfläche in der hohlen Hand rund rollen. Die Brötchen auf das Blech setzen, mit einem Küchentuch abdecken und an einem warmen Ort ca. 30 Min. gehen lassen.

3 Inzwischen den Backofen auf 200° vorheizen. Eigelb, übrige 25 ml Milch und 1 Prise Salz in einem Schälchen verrühren. Die Brötchen damit bestreichen und im Ofen (Mitte) 20–25 Min. backen. Herausnehmen und auf einem Kuchengitter abkühlen lassen.

FRÜHSTÜCKS-brötchen

FÜR 10 BRÖTCHEN

150 ml Milch
42 g frische Hefe (1 Würfel)
2 TL Zucker
Salz
1 EL Rapsöl
500 g Weizenmehl (Type 550)

Außerdem:
Mehl zum Arbeiten
Sprühflasche

Zubereitungszeit: 40 Min.
+ 50 Min. Ruhezeit
+ 25 Min. Backzeit
Pro Stück ca. 195 kcal,
7 g E, 2 g F, 37 g KH

1 Milch, 150 ml warmes Wasser, Hefe, Zucker, 1 ½ TL Salz und Öl in eine Rührschüssel geben, verrühren und ca. 10 Min. ruhen lassen. Dann das Mehl zufügen und alles mit den Knethaken des Handrührgeräts in ca. 3 Min. zu einem geschmeidigen Teig verkneten. Den Teig abgedeckt an einem warmen Ort ca. 30 Min. gehen lassen.

2 Den Teig danach auf der bemehlten Arbeitsfläche durchkneten. Dann zu einer Rolle formen und ca. 10 Min. ruhen lassen.

3 Inzwischen 100 ml Wasser und 20 g Salz verrühren und in die Sprühflasche füllen. Den Backofen auf 220° vorheizen, ein Backblech mit Backpapier belegen.

4 Die Teigrolle in 10 Stücke schneiden. Die Teiglinge mit den Händen zu Rechtecken (ca. 6 × 8 cm) flach drücken, die Ecken zur Mitte falten und andrücken. Die Teiglinge dann umdrehen und auf der Arbeitsfläche mit der flachen Hand hin- und herrollen, bis sie eine länglich-ovale Form haben. Die geformten Brötchen mit Salzwasser besprühen, auf das Backblech legen und längs einschneiden.

5 Eine hitzebeständige Schale mit 500 ml heißem Wasser auf den Ofenboden stellen und die Brötchen im Ofen (Mitte) in 20–25 Min. knusprig backen. Herausnehmen, mit dem Papier vom Blech ziehen und auf einem Kuchengitter abkühlen lassen.

Schwedisches KNÄCKEBROT

FÜR 32 STÜCKE

1 Pck. Trockenhefe (7 g) | 1 EL Honig | 350 g Roggenmehl (Type 1150) | 100 g Dinkelmehl (Type 1050) | 50 g Roggenflocken | 50 g Dinkelflocken | Salz | 250 g Buttermilch | Mehl zum Arbeiten

Zubereitungszeit: 40 Min. + 1 Std. 10 Min. Ruhezeit + 36 Min. Backzeit

Pro Stück ca. 65 kcal, 2 g E, 0 g F, 13 g KH

1 Hefe, 75 ml warmes Wasser und Honig in eine Rührschüssel geben, verrühren und ca. 10 Min. ruhen lassen. Dann beide Mehlsorten, Roggen- und Dinkelflocken, 1 TL Salz und Buttermilch zufügen und alles mit den Knethaken des Handrührgeräts in ca. 5 Min. zu einem geschmeidigen Teig verkneten. Den Teig abgedeckt an einem warmen Ort ca. 1 Std. gehen lassen.

2 Den Backofen auf 220° vorheizen, drei Backbleche mit Backpapier belegen. Den Teig auf der bemehlten Arbeitsfläche nochmals gut durchkneten und in 8 Portionen teilen. Jede Portion zu einem Rechteck (ca. 25 × 20 cm) ausrollen und in 4 Rechtecke schneiden. Die Teigstücke auf die Bleche legen und nacheinander im Ofen (Mitte) 10–12 Min. backen. Herausnehmen und auf einem Kuchengitter auskühlen lassen.

KNÄCKEBROT mit Chia

FÜR 12 STÜCKE

50 g Chia-Samen | 30 g Kürbiskerne | 30 g Sesam | 75 g Dinkelmehl (Type 630) | 75 g Haferflocken | Salz | 2 EL Rapsöl

Zubereitungszeit: 20 Min. + 1 Std. 25 Min. Backzeit

Pro Stück ca. 105 kcal, 4 g E, 6 g F, 9 g KH

1 Chia-Samen, Kürbiskerne, Sesam, Mehl, Haferflocken und 1 TL Salz in einer Rührschüssel vermischen. Öl und 400 ml warmes Wasser dazugießen und alles mit einem Schneebesen verrühren. Die Masse dann ca. 10 Min. quellen lassen.

2 Inzwischen den Backofen auf 190° vorheizen, ein Backblech mit Backpapier belegen. Die Teigmasse auf dem Blech mit einem breiten Messer oder einer Palette zu einem Rechteck (ca. 30 × 40 cm) verstreichen.

3 Das Rechteck im Ofen (Mitte) ca. 15 Min. backen. Dann herausnehmen und in 12 Stücke schneiden. Das Blech zurück in den Ofen schieben und das Knäckebrot in 1 Std.–1 Std. 10 Min. fertig backen. Herausnehmen und auf einem Kuchengitter auskühlen lassen.

Butter-
TOASTBROT

FÜR 1 KASTENFORM (30 CM LANG, 24 SCHEIBEN)

21 g frische Hefe (½ Würfel) | 30 g Zucker | Salz | 50 g Butter | 450 g Weizenmehl (Type 550) | 50 g Vollkorn-Weizenmehl | Butter für die Form

Zubereitungszeit: 40 Min. + 1 Std. 10 Min. Ruhezeit + 30 Min. Backzeit

Pro Scheibe ca. 95 kcal, 3 g E, 2 g F, 16 g KH

1 Hefe, 240 ml warmes Wasser, Zucker, 1 TL Salz und Butter in einer Rührschüssel verrühren und ca. 10 Min. ruhen lassen. Beide Mehlsorten zufügen und alles mit den Knethaken des Handrührgeräts in ca. 3 Min. zu einem geschmeidigen Teig verkneten. Alternativ den Teig mit den Händen verkneten. Den Teig abgedeckt an einem warmen Ort ca. 30 Min. gehen lassen.

2 Die Form mit Butter einfetten. Den Teig in 3 Portionen teilen und diese zu Kugeln formen. Die Teigkugeln nebeneinander in die Form setzen und nochmals ca. 30 Min. abgedeckt gehen lassen.

3 Inzwischen den Backofen auf 180° vorheizen. Das Brot im Ofen (Mitte) ca. 30 Min. backen. Herausnehmen und kurz abkühlen lassen. Dann aus der Form stürzen und auf einem Kuchengitter auskühlen lassen.

Orientalisches
FLADENBROT

FÜR 2 STÜCK

1 Pck. Trockenhefe (7 g) | 2 EL Honig | Salz | 550 g Mehl | 2 EL Olivenöl | 2 TL Schwarzkümmel | Mehl zum Arbeiten

Zubereitungszeit: 30 Min. + 1 Std. 40 Min. Ruhezeit + 40 Min. Backzeit

Pro Stück ca. 1115 kcal, 31 g E, 14 g F, 217 g KH

1 Hefe, 300 ml warmes Wasser, Honig und 1 TL Salz in einer Rührschüssel verrühren und ca. 10 Min. ruhen lassen. Dann Mehl und Öl zufügen und alles mit den Knethaken des Handrührgeräts in ca. 6 Min. zu einem geschmeidigen Teig verkneten. Den Teig abgedeckt an einem warmen Ort ca. 1 Std. gehen lassen.

2 Zwei Backbleche mit Backpapier belegen. Den Teig auf der leicht bemehlten Arbeitsfläche kurz durchkneten und halbieren. Die Teigstücke zu Kugeln formen, dann mit dem Handballen zu ca. 1 cm dicken Fladen flach drücken. Die Finger mit Mehl bestäuben und kleine Mulden in den Teig drücken. Die Fladen auf die Bleche legen, die Oberfläche dünn mit Wasser bepinseln und mit Schwarzkümmel bestreuen. Nochmals abgedeckt ca. 30 Min. gehen lassen.

3 Inzwischen den Backofen auf 180° vorheizen. Die Fladen im Ofen (Mitte) nacheinander ca. 20 Min. backen. Auf einem Kuchengitter auskühlen lassen.

CRACKER UND DIPS

Hausgemacht am besten

Bleiben in einer Keksdose 1-2 Wochen frisch.

Ergibt ca. 50 Stück

Ritz-Cracker: Den Backofen auf 200° vorheizen, zwei Bleche mit Backpapier belegen. 260 g Mehl, 3 TL Backpulver, 1 EL Zucker und ½ TL Salz in einer Rührschüssel mischen. 80 g Butter in Flöckchen zugeben und mit den Knethaken des Handrührgeräts unterkneten. 30 ml Rapsöl und 50 ml kaltes Wasser unterkneten. Den Teig auf der Arbeitsfläche kurz durchkneten, in 3 Portionen teilen und zwischen Backpapier ca. 3 mm dick ausrollen. Mit einem Ausstecher (rund, 4 cm ∅) ca. 50 Cracker ausstechen, auf die Bleche legen und mit einer Gabel zwei- bis dreimal einstechen. Nacheinander im Ofen (Mitte) in 12–14 Min. goldbraun backen. In einem Topf 40 g Butter schmelzen und ½ TL Salz einrühren. Die Cracker mit dem Papier auf ein Kuchengitter ziehen. Noch heiß mit der flüssigen Salzbutter bepinseln und auskühlen lassen.

Radieschendip: 10 Radieschen putzen, waschen, halbieren und im Blitzhacker hacken. 250 g Joghurt, 80 g Schmand, 2 EL Olivenöl und 1 EL Aceto balsamico bianco in einer Schüssel verrühren, dann die Radieschen zugeben. 1 Bund Schnittlauch waschen, trocken tupfen und in feine Röllchen schneiden. In den Dip rühren und mit Salz und Pfeffer abschmecken.

Paprikafrischkäse: 1 rote Paprika vierteln, weiße Trennwände und Kerne entfernen und die Viertel waschen. 1 Knoblauchzehe schälen, 1 Zwiebel schälen und vierteln. Knoblauch und Zwiebel im Blitzhacker zerkleinern. Paprikaviertel zugeben und erneut zerkleinern. 200 g Doppelrahmfrischkäse, 200 g Schmand und 1 EL edelsüßes Paprikapulver in einer Schüssel verrühren. Die Paprikamischung unterrühren. Den Dip mit Salz und Pfeffer abschmecken.

Mohn-Cracker: 480 g Mehl, 150 ml Milch, 2 Eier (M), 50 g Butter, 20 g Zucker und 2 TL Salz in eine Rührschüssel geben. Mit den Knethaken des Handrührgeräts zu einem elastischen Teig verkneten. In Frischhaltefolie wickeln und bei Raumtemperatur 2 Std. ruhen lassen. Den Backofen auf 200° vorheizen, zwei Bleche mit Backpapier belegen. Den Teig in 8 Portionen teilen und auf der bemehlten Arbeitsfläche zu 2–3 mm dicken Fladen ausrollen. Auf die Bleche legen, mit Wasser bepinseln und mit je 1 EL Blaumohn bestreuen. Die Fladen nacheinander im Ofen (Mitte) in 12–15 Min. goldbraun backen. Herausnehmen und auf einem Kuchengitter auskühlen lassen. Jeden Fladen in 8 Stücke brechen.

Ergibt ca. 64 Stück

Kräftiges BAUERNBROT

FÜR 1 BROT (25 SCHEIBEN)

450 g Weizenmehl (Type 1050) | 150 g Roggenmehl (Type 997) | 42 g frische Hefe (1 Würfel) | Salz | Mehl zum Arbeiten

Zubereitungszeit: 40 Min. + 1 Std. Ruhezeit + 1 Std. Backzeit

Pro Scheibe ca. 80 kcal, 3 g E 0 g F, 17 g KH

1 Beide Mehlsorten, Hefe, 3 TL Salz und 340 ml warmes Wasser in eine Rührschüssel geben und mit den Knethaken des Handrührgeräts in ca. 3 Min. zu einem geschmeidigen Teig verkneten. Den Teig abgedeckt an einem warmen Ort ca. 1 Std. gehen lassen.

2 Den Backofen auf 250° vorheizen, ein Backblech mit Backpapier belegen. Den Teig auf der bemehlten Arbeitsfläche zu einem länglich-ovalen Laib formen und auf das Backblech legen. Eine hitzebeständige Schale mit 500 ml heißem Wasser auf den Ofenboden stellen und das Brot im Ofen (Mitte) ca. 30 Min. backen. Den Backofen dann auf 180° schalten und das Brot in ca. 30 Min. fertig backen. Herausnehmen und auf einem Kuchengitter auskühlen lassen.

VOLLKORNBROT mit Leinsamen

FÜR 1 KASTENFORM (30 CM LANG, 24 SCHEIBEN)

42 g frische Hefe (1 Würfel) | 1 TL Zucker | Salz | 100 g Leinsamen | 50 g Kürbiskerne | 500 g Vollkorn-Dinkelmehl | 1 EL Apfelessig

Zubereitungszeit: 30 Min. + 1 Std. Backzeit

Pro Scheibe ca. 105 kcal, 5 g E, 3 g F, 14 g KH

1 Die Form mit Backpapier auslegen. Dafür einen Bogen Backpapier mit den Händen kräftig zerknüllen, wieder auseinanderfalten und in die Backform drücken. Hefe, 500 ml warmes Wasser, Zucker, 2 TL Salz, Leinsamen und Kürbiskerne in einer Rührschüssel verrühren und ca. 10 Min. ruhen lassen. Dann Mehl und Essig zufügen und alles mit den Knethaken des Handrührgeräts ca. 3 Min. verkneten.

2 Den Teig in die Form füllen und in den kalten Backofen (Mitte) schieben. Den Ofen auf 200° schalten und das Brot ca. 1 Std. backen. Herausnehmen und auf einem Kuchengitter auskühlen lassen.

Rustikale
BAGUETTES

FÜR 2 BAGUETTES

21 g frische Hefe (½ Würfel)
1 TL Honig
Salz
250 g Vollkorn-Roggenmehl
250 g Weizenmehl (Type 550)

Außerdem:

Mehl zum Arbeiten
Sprühflasche

Zubereitungszeit: 40 Min.
+ 2 Std. 10 Min. Ruhezeit
+ 30 Min. Backzeit
Pro Baguette ca. 840 kcal,
30 g E, 3 g F, 171 g KH

1 Hefe, 320 ml warmes Wasser, Honig und 2 TL Salz in eine Rührschüssel geben, verrühren und ca. 10 Min. ruhen lassen. Dann beide Mehlsorten zufügen und alles mit den Knethaken des Handrührgeräts ca. 5 Min. verkneten. Den Teig abgedeckt an einem warmen Ort ca. 1 Std. 30 Min. gehen lassen. Den Teig dabei alle 20 Min. aus der Schüssel nehmen, auf der leicht bemehlten Arbeitsfläche flach drücken und zweimal zusammenklappen.

2 Ein Backblech mit Backpapier belegen. Den Teig halbieren und jede Hälfte zu einer Kugel formen. Eine Kugel auf der leicht bemehlten Arbeitsfläche mit den Händen zu einem Rechteck (ca. 25 × 15 cm) flach drücken. Die Enden der Querseiten nach innen schlagen und flach andrücken. Das Rechteck von der Längsseite her aufrollen und die Nahtstelle zusammendrücken. Die Rolle dann mit den Handflächen mit sanftem Druck auf der Arbeitsfläche hin- und herrollen. Dabei von der Mitte der Rolle nach außen hin arbeiten, bis die Rolle 3–4 cm dick und ca. 40 cm lang ist. Die Teigrolle auf das Blech legen und die zweite Teigkugel ebenso formen.

3 Die Baguettes auf dem Backblech mit einem Küchentuch abdecken und ca. 30 Min. gehen lassen.

4 Inzwischen den Backofen auf 240° vorheizen. 100 ml Wasser und 20 g Salz verrühren und in die Sprühflasche füllen. Die Baguettes dreimal schräg einschneiden, mit Salzwasser besprühen und im Ofen (Mitte) 25–30 Min. backen. Dabei noch zweimal mit Salzwasser besprühen. Herausnehmen, mit dem Papier vom Blech ziehen und auf einem Kuchengitter auskühlen lassen.

Würziges DINKELBROT

FÜR 1 KASTENFORM (30 CM LANG, 24 SCHEIBEN)

500 g Dinkelmehl (Type 630) | 1 Pck. Trockenhefe (7 g) | 60 g Sonnenblumenkerne | 60 g Kürbiskerne | 40 g Sesam | 40 g Leinsamen | 2 TL Brotgewürz | 2 EL Honig | Salz

Zubereitungszeit: 20 Min. + 1 Std. 20 Min. Backzeit

Pro Scheibe ca. 120 kcal, 4 g E, 4 g F, 16 g KH

1 Den Backofen auf 250° vorheizen, die Form mit Backpapier auslegen. Mehl, Hefe, Kerne, Sesam, Leinsamen, Brotgewürz, Honig, 2 TL Salz und 500 ml warmes Wasser in eine Rührschüssel geben und mit den Knethaken des Handrührgeräts ca. 1 Min. verrühren. Den Teig in die Form füllen.

2 Eine hitzebeständige Schale mit 500 ml heißem Wasser auf den Ofenboden stellen und das Brot auf dem Rost in den Ofen (Mitte) schieben. Den Ofen auf 200° zurückschalten und das Brot ca. 1 Std. 20 Min. backen. Herausnehmen, mit dem Papier aus der Form heben und auf einem Kuchengitter auskühlen lassen.

WELTMEISTER-*brot*

FÜR 1 BROT (25 SCHEIBEN)

21 g frische Hefe (1/2 Würfel) | 1 EL Honig | Salz | 150 g Joghurt | 3 EL Rapsöl | 500 g Weizenmehl (Type 1050) | 50 g Sonnenblumenkerne | 30 g Leinsamen | 2 TL lösliches Malzkaffeepulver | 1 Msp. Brotgewürz | 50 g Sesam | 50 g Blaumohn | Mehl zum Arbeiten

Zubereitungszeit: 40 Min. + 1 Std. 55 Min. Ruhezeit + 45 Min. Backzeit

Pro Scheibe ca. 125 kcal, 4 g E, 5 g F, 16 g KH

1 Hefe, 150 ml warmes Wasser, Honig und 2 TL Salz in eine Rührschüssel geben, verrühren und ca. 10 Min. ruhen lassen. Dann Joghurt, Öl, Mehl, Sonnenblumenkerne, Leinsamen, Malzkaffeepulver und Brotgewürz zufügen und alles mit den Knethaken des Handrührgeräts ca. 5 Min. verkneten. Den Teig abgedeckt an einem warmen Ort ca. 1 Std. gehen lassen.

2 Ein Backblech mit Backpapier belegen. Den Teig auf der bemehlten Arbeitsfläche nochmals mit den Händen durchkneten und zu einem länglich-ovalen Laib formen. Auf das Backblech legen, mit etwas Wasser besprühen und gleichmäßig mit Sesam und Mohn bestreuen. Nochmals ca. 45 Min. gehen lassen.

3 Inzwischen den Backofen auf 180° vorheizen. Das Brot im Ofen (Mitte) ca. 45 Min. backen. Herausnehmen und auf einem Kuchengitter auskühlen lassen.

Gorgonzola
Gorgonzola
Gorgonzola

Pizza, QUICHE & pikante Snacks

Bunte PIZZASCHNECKEN

FÜR 40 STÜCK

Für den Hefeteig:
42 g frische Hefe (1 Würfel)
1 EL Olivenöl
Salz
600 g Mehl

Für die Füllung:
150 g Emmentaler
2 Zwiebeln
1 Knoblauchzehe
100 g Schinken
100 g Salami
50 g Tomatenmark
50 g Doppelrahmfrischkäse
3 TL getrockneter Oregano
Salz | Pfeffer

Außerdem:
Mehl zum Arbeiten

Zubereitungszeit: 1 Std.
+ 45 Min. Ruhezeit
+ 30 Min. Backzeit
Pro Stück ca. 85 kcal,
4 g E, 2 g F, 12 g KH

1 Für den Teig 300 ml warmes Wasser, Hefe, Öl, 1 TL Salz und Mehl in eine Rührschüssel geben und mit den Knethaken des Handrührgeräts in ca. 3 Min. zu einem geschmeidigen Teig verkneten. Abgedeckt an einem warmen Ort ca. 30 Min. gehen lassen.

2 Für die Füllung den Emmentaler grob reiben. Die Zwiebeln schälen und fein würfeln, den Knoblauch schälen und durch die Knoblauchpresse drücken. Schinken und Salami in 1 cm große Würfel schneiden. Tomatenmark, Frischkäse, Emmentaler, Zwiebeln, Knoblauch, Schinken, Salami und Oregano in einer Rührschüssel verrühren. Die Masse kräftig mit Salz und Pfeffer würzen.

3 Zwei Backbleche mit Backpapier belegen. Den Teig halbieren und jede Portion auf der bemehlten Arbeitsfläche zu einem dünnen Rechteck (ca. 40 × 30 cm) ausrollen. Die Füllung gleichmäßig darauf verteilen und dabei rundum einen 3 cm breiten Rand lassen. Den Rand mit etwas Wasser bestreichen.

4 Jedes Teigrechteck zuerst längs zusammenklappen und dann von der offenen Seite her aufrollen. Die Rollen mit einem Messer in 2–3 cm dicke Scheiben schneiden, auf die Backbleche legen und nochmals 10–15 Min. gehen lassen.

5 Währenddessen den Backofen auf 200° vorheizen. Die Schnecken nacheinander im Ofen (Mitte) ca. 15 Min. backen.

Brokkoli-QUICHE mit Parmesan

FÜR 1 SPRINGFORM (26 CM Ø, 8 STÜCKE)

Für den Mürbeteig:
30 g Parmesan
100 g kalte Butter
150 g Weizenmehl (Type 550)
1 Ei (M) | Salz

Für den Belag:
10 Kirschtomaten
300 g Brokkoli
20 g Parmesan
5 Eier (M)
200 g Schmand
200 g Crème fraîche
Salz | Pfeffer
frisch geriebene Muskatnuss

Außerdem:
Öl für die Form
Mehl zum Arbeiten

Zubereitungszeit: 30 Min. + 30 Min. Kühlzeit + 45 Min. Backzeit
Pro Stück ca. 420 kcal, 12 g E, 34 g F, 17 g KH

1 Für den Teig den Parmesan fein reiben, die Butter in Stücke schneiden. Parmesan, Butter, Mehl, Ei und ½ TL Salz in eine Rührschüssel geben und alles mit den Knethaken des Handrührgeräts rasch zu einem glatten Teig verkneten. Den Teig in Frischhaltefolie wickeln und ca. 30 Min. kühlen.

2 In der Zwischenzeit für den Belag die Tomaten waschen. Den Brokkoli waschen, in Röschen teilen und mit einem großen Messer grob hacken. Den Parmesan fein reiben. Parmesan, Eier, Schmand, Crème fraîche, 1 TL Salz und je 1 kräftige Prise Pfeffer und Muskatnuss in eine Rührschüssel geben und verrühren. Zuletzt die gehackten Brokkoliröschen unterheben.

3 Den Backofen auf 175° vorheizen, die Form mit Öl einfetten. Den Teig in die Form geben, mit bemehlten Fingern zu einem Boden flach drücken und einen ca. 5 cm hohen Rand hochziehen.

4 Die Brokkolimasse auf dem Teigboden verteilen und die Tomaten gleichmäßig daraufsetzen. Die Quiche im Ofen (Mitte) ca. 45 Min. backen. Herausnehmen und kurz auf einem Kuchengitter abkühlen lassen. Dann den Formrand lösen, die Quiche in Stücke schneiden und heiß oder kalt servieren.

Provenzalische

TOMATENTARTE

FÜR 1 BACKBLECH (20 STÜCKE)

Für den Mürbeteig:
400 g Mehl
120 ml Olivenöl
Salz

Für den Belag:
200 g Gruyère (ersatzweise Bergkäse)
10 reife Tomaten
3 TL Dijonsenf (ersatzweise anderer scharfer Senf)
Salz | Pfeffer
3 TL getrocknete Kräuter der Provence

Außerdem:
Mehl zum Arbeiten

Zubereitungszeit: 30 Min. + 30 Min. Kühlzeit + 40 Min. Backzeit
Pro Stück ca. 175 kcal, 6 g E, 10 g F, 16 g KH

1 Für den Teig Mehl, Öl, 140 ml lauwarmes Wasser und 1 TL Salz in eine Rührschüssel geben und mit den Knethaken des Handrührgeräts zu einem glatten Teig verkneten. Den Teig auf der Arbeitsfläche mit den Händen zu einem Rechteck formen, in Frischhaltefolie wickeln und ca. 30 Min. in den Kühlschrank legen.

2 In der Zwischenzeit für den Belag den Gruyère grob reiben. Die Tomaten waschen, die Stielansätze herausschneiden und die Früchte in dicke Scheiben schneiden.

3 Den Backofen auf 180° vorheizen, ein Backblech mit Backpapier belegen. Den Teig auf der bemehlten Arbeitsfläche in Blechgröße ausrollen und auf das Blech legen. Den Boden mit Senf bestreichen, mit dem geriebenen Käse bestreuen und mit den Tomatenscheiben belegen. Die Tomaten kräftig mit Salz und Pfeffer würzen und mit den Provencekräutern bestreuen.

4 Die Tarte im Ofen (Mitte) in ca. 40 Min. knusprig backen. Danach herausnehmen und auf einem Kuchengitter abkühlen lassen. Die Tarte in Stücke schneiden und warm oder kalt servieren.

Ungarische LANGOS wie vom Jahrmarkt

FÜR 8 STÜCK

Für den Hefeteig:

100 ml Milch
21 g frische Hefe (1/2 Würfel)
1 EL Zucker
Salz
500 g Weizenmehl (Type 550)
40 g weiche Butter

Für den Belag:

150 g Frühstücksspeck
5 Stängel glatte Petersilie
1 Zwiebel
3 Knoblauchzehen
1 EL Butter
250 g saure Sahne
Salz | Pfeffer

Außerdem:

1 l Frittieröl
Öl zum Arbeiten

Zubereitungszeit: 1 Std. + 45 Min. Ruhezeit
Pro Stück ca. 480 kcal, 12 g E, 26 g F, 49 g KH

1 Für den Teig die Milch lauwarm erhitzen. Milch, 150 ml warmes Wasser, Hefe, Zucker und 1 Prise Salz in eine Rührschüssel geben, verrühren und ca. 10 Min. ruhen lassen. Dann Mehl und Butter zufügen und alles mit den Knethaken des Handrührgeräts ca. 6 Min. zu einem geschmeidigen Teig verkneten. Den Teig abgedeckt an einem warmen Ort ca. 45 Min. gehen lassen.

2 Für den Belag den Speck in kleine Würfel schneiden. Die Petersilie waschen und trocken schütteln. Die Blätter abzupfen und fein hacken. Die Zwiebel schälen und in feine Würfel schneiden. Den Knoblauch schälen und durch die Knoblauchpresse drücken. Petersilie, Zwiebel, Knoblauch Speck und Butter in einen Topf geben und bei mittlerer Hitze in ca. 5 Min. weich dünsten. Abkühlen lassen.

3 In der Zwischenzeit das Frittieröl in einem weiten, hohen Topf oder einer Fritteuse auf 170° erhitzen. Es ist heiß genug, wenn an einem hineingehaltenen Holzstäbchen sofort kleine Blasen aufsteigen. Den Teig durchkneten, mit geölten Händen in 8 Portionen teilen und zu 5 mm dicken Fladen formen. Die Fladen portionsweise ins heiße Öl legen und in ca. 4 Min. goldbraun frittieren, dabei ab und zu wenden. Herausheben und auf Küchenpapier entfetten.

4 Die Speckmischung mit der sauren Sahne verrühren und mit Salz und Pfeffer abschmecken. Die Langos gleichmäßig mit der Creme bestreichen und sofort servieren.

QUICHE
Lorraine

FÜR 1 SPRINGFORM (26 CM Ø, 8 STÜCKE)

200 g Mehl | 100 g kalte Butter | Salz | 200 g Frühstücksspeck | 200 g Gouda | 3 Eier (M) | 200 g Sahne | Pfeffer | frisch geriebene Muskatnuss | Butter für die Form

Zubereitungszeit: 40 Min. + 50 Min. Backzeit
Pro Stück ca. 460 kcal, 15 g E, 36 g F, 20 g KH

1 Den Backofen auf 180° vorheizen, die Form mit Butter einfetten. Für den Mürbeteig Mehl, Butter in Stücken, ½ TL Salz und 50 ml Wasser in eine Rührschüssel geben und mit den Knethaken des Handrührgeräts rasch zu einem glatten Teig verkneten. Den Teig in die Form geben, mit den Fingern zu einem Boden flach drücken und dabei einen ca. 2 cm hohen Rand hochziehen. Den Boden mit einer Gabel mehrmals einstechen und im Ofen (Mitte) ca. 15 Min. vorbacken. Herausnehmen und in der Form auf einem Kuchengitter ca. 5 Min. abkühlen lassen.

2 Inzwischen für die Füllung den Speck in Streifen schneiden. Den Gouda grob reiben. Eier, Sahne, 1 TL Salz, je 2 Prisen Pfeffer und Muskat in eine Rührschüssel geben und mit dem Schneebesen glatt rühren. Den geriebenen Käse unterrühren.

3 Die Speckstreifen auf dem vorgebackenen Boden verteilen und die Eiermasse gleichmäßig darübergießen. Die Quiche im heißen Ofen (Mitte) in ca. 35 Min. goldbraun backen. Herausnehmen und ca. 10 Min. ruhen lassen. Die Quiche dann aus der Form lösen, in Stücke schneiden und heiß oder kalt servieren.

Elsässer FLAMMKUCHEN

FÜR 2 FLADEN (8 STÜCKE)

21 g frische Hefe (½ Würfel) | 1 TL Zucker | Salz | 50 g Roggenmehl (Type 997) | 400 g Mehl | 2 E LOlivenöl | 1 Bund Schnittlauch | 200 g Frühstücksspeck | 4 Zwiebeln | 400 g Crème fraîche | frisch geriebene Muskatnuss | Mehl zum Arbeiten

Zubereitungszeit: 1 Std. + 45 Min. Ruhezeit + 34 Min. Backzeit

Pro Stück ca. 500 kcal, 11 g E, 30 g F, 45 g KH

1 Für den Hefeteig 250 ml warmes Wasser, Hefe, Zucker, ½ TL Salz und Roggenmehl in eine Rührschüssel geben, verrühren und ca. 10 Min. ruhen lassen. Mehl und Öl zufügen und alles mit den Knethaken des Handrührgeräts in ca. 3 Min. zu einem geschmeidigen Teig verkneten. Abgedeckt ca. 45 Min. gehen lassen.

2 Für den Belag den Schnittlauch waschen, trocken schütteln und in Röllchen schneiden. Den Speck in Streifen schneiden. Die Zwiebeln schälen und in feine Würfel schneiden. Crème fraîche, Schnittlauch, Speck und Zwiebeln in einer Rührschüssel verrühren. Mit Salz und 1 Prise Muskatnuss abschmecken.

3 Den Backofen auf 220° vorheizen, zwei Backbleche mit Backpapier belegen. Den Teig auf der bemehlten Arbeitsfläche nochmals durchkneten und halbieren. Jede Portion zu einem Rechteck (ca. 30 × 40 cm) ausrollen und auf ein Blech legen. Die Fladen gleichmäßig mit der Speckcreme bestreichen und im Ofen (Mitte) nacheinander 15–17 Min. backen. Herausnehmen, in Stücke schneiden und heiß servieren.

PIZZA Margherita

FÜR 1 BACKBLECH (12 STÜCKE)

Für den Hefeteig:
21 g frische Hefe (1/2 Würfel)
1 TL Zucker
Salz
300 g Mehl
3 EL Olivenöl

Für den Belag:
50 g Parmesan
200 g Mozzarella
100 g passierte Tomaten (Dose oder Packung)
50 g Tomatenmark
1 EL getrocknetes Basilikum
Salz
20 g Zucker

Außerdem:
Mehl zum Arbeiten

Zubereitungszeit: 30 Min.
+ 30 Min. Ruhezeit
+ 15 Min. Backzeit
Pro Stück ca. 180 kcal,
8 g E, 7 g F, 22 g KH

1 Für den Teig 150 ml warmes Wasser, Hefe, Zucker und 1 TL Salz in eine Rührschüssel geben, verrühren und ca. 10 Min. ruhen lassen. Dann Mehl und Öl zufügen und alles mit den Knethaken des Handrührgeräts in ca. 2 Min. zu einem geschmeidigen Teig verkneten.

2 Ein Backblech mit Backpapier belegen. Den Teig auf der gut bemehlten Arbeitsfläche mit den Händen zu einer Kugel formen, dann in Größe des Backblechs ausrollen. Den Teig auf das Blech legen und ca. 20 Min. gehen lassen.

3 In der Zwischenzeit den Backofen auf 230° vorheizen. Für den Belag Parmesan und Mozzarella grob reiben, in einer Schale vermischen und zum Bestreuen beiseitestellen. Passierte Tomaten, Tomatenmark, Basilikum, 1 TL Salz und Zucker in einer Rührschüssel mit dem Schneebesen verrühren.

4 Die Tomatensauce gleichmäßig auf den Pizzaboden streichen und mit dem geriebenen Käse bestreuen. Die Pizza im Ofen (1. Schiene von unten) ca. 15 Min. backen. Herausnehmen, in Stücke schneiden und sofort servieren.

TIPP

Ganz schlicht oder lieber noch mit Salami oder Schinken? Das ist natürlich reine Geschmackssache. Belegen Sie die Pizza vor dem Backen, wie es Ihnen gefällt. Ihrer Fantasie sind dabei keine Grenzen gesetzt: Paprikastreifen, Blattspinat, Artischocken, Sardellen, Oliven, Speck, Zwiebeln oder alles gleichzeitig.

Pikanter GUGELHUPF mit Speck und Walnüssen

FÜR 1 GUGELHUPFFORM (24 CM Ø, 16 STÜCKE)

150 g durchwachsener Speck
80 g Walnusskerne
200 ml Milch
42 g frische Hefe (1 Würfel)
1 TL Zucker
Salz
75 g weiche Butter
450 g Mehl
2 Eier (M)

Außerdem:
Butter und Semmelbrösel für die Form
Mehl zum Arbeiten

Zubereitungszeit: 40 Min. + 1 Std. 10 Min. Ruhezeit + 1 Std. Backzeit
Pro Stück ca. 225 kcal, 7 g E, 12 g F, 23 g KH

1 Die Form mit Butter einfetten und mit Semmelbröseln ausstreuen. Den Speck in feine Würfel schneiden und beiseitestellen. Die Walnüsse im Blitzhacker fein hacken.

2 Die Milch lauwarm erhitzen. Milch, Hefe, Zucker, 2 TL Salz und Butter in einer Rührschüssel verrühren und ca. 10 Min. ruhen lassen. Dann Mehl und Eier zufügen und alles mit den Knethaken des Handrührgeräts in ca. 6 Min. zu einem geschmeidigen Teig verkneten. Abgedeckt an einem warmen Ort ca. 40 Min. gehen lassen.

3 Den Backofen auf 180° vorheizen. Den Teig auf der bemehlten Arbeitsfläche mit den Händen durchkneten. Dabei Speck und Nüsse einarbeiten. Den Teig zu einer Rolle (ca. 50 cm lang) formen und ringförmig in die Form legen. Ca. 20 Min. gehen lassen, dann im Ofen (Mitte) ca. 1 Std. backen. Herausnehmen, leicht abgekühlt aus der Form lösen und auf einem Kuchengitter auskühlen lassen.

TIPP

Dieser Gugelhupf lässt sich leicht variieren. Statt mit Speck schmeckt er auch mit gehackten, getrockneten Tomaten und die Walnusskerne lassen sich gegen andere Nusskerne oder auch Mandeln austauschen. Getrocknete Cranberrys und Pistazien anstelle von Speck und Walnüssen bringen Farbe in den Gugelhupf.

SPINATKUCHEN
mit Gorgonzola

FÜR 1 SPRINGFORM (26 CM Ø, 12 STÜCKE)

Für den Mürbeteig:
125 g kalte Butter
250 g Weizenmehl (Type 550)
1 Ei (M) | Salz

Für Belag und Guss:
1 Zwiebel
1 EL Butter
450 g TK-Blattspinat
Salz | Pfeffer
frisch geriebene Muskatnuss
100 g Gorgonzola (ersatzweise anderer Blauschimmelkäse)
150 g Kirschtomaten
100 g Sahne
150 g Schmand
3 Eier (M)

Außerdem:
Butter für die Form
Mehl zum Arbeiten

Zubereitungszeit: 30 Min.
+ 30 Min. Kühlzeit
+ 40 Min. Backzeit
Pro Stück ca. 265 kcal,
8 g E, 18 g F, 17 g KH

1 Für den Teig die Butter in Stücke schneiden. Butterstücke, Mehl, Ei, 1 TL Salz und 1 EL kaltes Wasser in eine Rührschüssel geben und mit den Knethaken des Handrührgeräts rasch zu einem glatten Teig verkneten. In Frischhaltefolie wickeln und ca. 30 Min. kühlen.

2 In der Zwischenzeit für den Belag die Zwiebel schälen und fein würfeln. Die Butter in einem Topf erhitzen und die Zwiebel darin in ca. 2 Min. glasig dünsten. Den tiefgekühlten Spinat zufügen und unter gelegentlichem Rühren in ca. 10 Min auftauen lassen. Mit je 1 Prise Salz, Pfeffer und Muskatnuss würzen. Den Spinat dann in ein Sieb umfüllen und abtropfen lassen. Den Gorgonzola würfeln, die Tomaten waschen.

3 Den Backofen auf 200° vorheizen, die Form mit Butter einfetten. Den Teig auf der bemehlten Arbeitsfläche zu einem Kreis (ca. 30 cm ∅) ausrollen. Den Kreis in die Form legen und mit den Fingern einen ca. 2 cm hohen Rand hochziehen. Spinat, Gorgonzola und Tomaten auf dem Boden verteilen.

4 Für den Guss Sahne, Schmand und Eier in eine Rührschüssel geben und mit dem Schneebesen verquirlen. Mit Salz, Pfeffer und Muskat würzen. Den Guss gleichmäßig auf dem Spinat verteilen und den Kuchen im Ofen (Mitte) ca. 40 Min. backen. Herausnehmen und ca. 10 Min. ruhen lassen. Dann aus der Form lösen, in Stücke schneiden und servieren.

RÜR
Gourmet - Vespermesser
Extra scharf - rostfrei 1.4034
Solingen - Germany
Rost frei

Herzhafte SPINATWAFFELN

FÜR 6 WAFFELN

450 g TK-Rahmspinat | 200 g weiche Butter | 4 Eier (M) | 275 g Mehl | 1 TL Backpulver | Salz | Pfeffer | frisch geriebene Muskatnuss | Herz-Waffeleisen | Öl für das Waffeleisen

Zubereitungszeit: 40 Min. + 4 Std. Auftauzeit
Pro Waffel ca. 500 kcal, 12 g E, 34 g F, 36 g KH

1 Den Spinat in eine Schüssel geben und in ca. 4 Std., oder über Nacht im Kühlschrank, auftauen lassen. Danach mit Butter, Eiern, Mehl und Backpulver in eine Rührschüssel geben und mit dem Schneebesen verrühren. Mit 1 TL Salz, je 2 Prisen Pfeffer und Muskat würzen und alles zu einem cremigen Teig verrühren.

2 Das Waffeleisen bei mittlerer Stufe vorheizen. Die Backflächen dünn mit Öl einfetten, dann 3 EL Teig auf die untere Backfläche geben. Das Waffeleisen schließen und die Waffel in 3–4 Min. goldbraun backen. Herausnehmen und auf ein Kuchengitter legen. Mit dem restlichen Teig wiederholen. Die fertigen Waffeln in Segmente teilen und servieren.

Schwarzwälder SCHINKEN-waffeln

FÜR 6 WAFFELN

1 Zwiebel | 150 g Schwarzwälder Schinken | 100 g Gouda | 250 g Mehl | 400 ml Milch | 70 g weiche Butter | ½ TL Backpulver | Salz | Pfeffer | ½ TL edelsüßes Paprikapulver | Herz-Waffeleisen | Öl für das Waffeleisen

Zubereitungszeit: 40 Min.
Pro Waffel ca. 380 kcal, 18 g E, 19 g F, 34 g KH

1 Die Zwiebel schälen und fein würfeln. Den Schinken in 2 cm große Stücke schneiden, dann im Blitzhacker in kleine Stücke hacken Den Käse grob reiben.

2 Mehl, Milch, Butter, Backpulver, ½ TL Salz, 2 Prisen Pfeffer und Paprikapulver in eine Rührschüssel geben und mit den Rührbesen des Handrührgeräts verrühren. Zwiebel, Schinken und Käse zugeben und zügig unter den Teig rühren.

3 Das Waffeleisen bei mittlerer Stufe vorheizen. Die Backflächen dünn mit Öl einfetten, dann 3 EL Teig auf die untere Backfläche geben. Das Waffeleisen schließen und die Waffel in 3–4 Min. goldbraun backen. Herausnehmen und auf ein Kuchengitter legen. Mit dem restlichen Teig wiederholen. Die fertigen Waffeln in Segmente teilen und servieren.

Gefüllte KÄSEFLADEN

FÜR 8 STÜCK

Für den Mürbeteig:

500 g Kefir
1 Pck. Backpulver
Salz
680 g Mehl

Für die Füllung:

2 Knoblauchzehen
250 g Schafskäse (Feta)
2 Kugeln Mozzarella (à 125 g)
40 g weiche Butter
2 TL TK-Schnittlauchröllchen
2 TL gehackte TK-Petersilie

Außerdem:

Mehl zum Arbeiten

Zubereitungszeit: 40 Min.
+ 30 Min. Kühlzeit
+ 40 Min. Backzeit
Pro Stück ca. 565 kcal,
23 g E, 23 g F, 66 g KH

1 Für den Teig Kefir, Backpulver, 1 TL Salz und Mehl in einer Rührschüssel mit den Knethaken des Handrührgeräts rasch verkneten. Den Teig mit bemehlten Händen zu einer Kugel formen, in Mehl wälzen, in eine Schüssel legen und ca. 30 Min. kühlen.

2 In der Zwischenzeit für die Füllung den Knoblauch schälen und durchpressen. Schafskäse und Mozzarella grob reiben, Butter in 1 cm große Würfel schneiden. Knoblauch, geriebenen Käse, Butterwürfel, Schnittlauch und Petersilie in eine Rührschüssel geben und mit den Rührbesen des Handrührgerätes in ca. 2 Min. zu einer gebundenen Masse verrühren. Den Backofen auf 200° vorheizen, zwei Backbleche mit Backpapier belegen.

3 Den Teig auf der gut bemehlten Arbeitsfläche in 8 Portionen teilen. Diese zu Kugeln formen und zu Kreisen (ca. 15 cm ∅) flach drücken. Die Füllung mittig darauf verteilen. Die Kreise zusammenklappen, den Rand mit den Zinken einer Gabel fest zusammendrücken und auf das Blech legen. Die Fladen nacheinander im Ofen (Mitte) 15–20 Min. backen. Herausnehmen, auf einem Kuchengitter abkühlen lassen und warm oder kalt servieren.

TIPP

Mediterranes Aroma bekommen die Fladen mit 4 TL TK-Provence- oder italienischen Kräutern statt Schnittlauch und Petersilie. Für etwas Crunch 100 g Erdnusskerne und 50 g Soft-Aprikosen im Blitzhacker hacken und auf die fertig geformten Fladen streuen.

Ziegenkäse-APRIKOSEN-TALER

FÜR 6 STÜCK

1 Pck. Trockenhefe (7 g) | 30 ml Rapsöl | Salz | 300 g Mehl | 200 g Soft-Aprikosen | 150 g Crème fraîche | 30 g Pinienkerne | ½ TL getrockneter Thymian | Peffer | 150 g Ziegenfrischkäse | 30 g Rucola | 2 EL flüssiger Honig | Mehl zum Arbeiten

Zubereitungszeit: 45 Min. + 1 Std. Ruhezeit + 40 Min. Backzeit

Pro Stück ca. 500 kcal, 11 g E, 24 g F, 60 g KH

1 Für den Hefeteig 160 ml warmes Wasser, Hefe, Öl und ½ TL Salz in eine Rührschüssel geben, verrühren und ca. 10 Min. ruhen lassen. Dann das Mehl zufügen und alles mit den Knethaken des Handrührgeräts ca. 5 Min. verkneten. Den Teig abgedeckt an einem warmen Ort ca. 40 Min. gehen lassen.

2 Für den Belag Aprikosen fein hacken. Mit Crème fraîche und Pinienkernen in einer Schüssel verrühren. Mit Thymian, Salz und Pfeffer würzen. Zwei Backbleche mit Backpapier belegen. Den Teig auf der bemehlten Arbeitsfläche kurz durchkneten und in 6 Portionen teilen. Zu Kugeln formen, zu Kreisen (ca. 12 cm ∅) ausrollen und auf die Bleche legen. Mit der Aprikosencreme bestreichen, den Frischkäse darüberbröseln und ca. 10 Min. gehen lassen.

3 Inzwischen den Backofen auf 200° vorheizen. Die Fladen im Ofen (Mitte) je ca. 20 Min. backen. Den Rucola waschen, trocken schütteln und klein schneiden. Die Taler aus dem Ofen nehmen, mit Rucola bestreuen, mit Honig beträufeln und servieren.

FOCACCIA
mit getrockneten Tomaten

FÜR 1 FLADEN (10 STÜCKE)

1 Pck. Trockenhefe (7 g) | 1 TL Zucker | Salz | 300 g Mehl | 100 g Champignons | 50 g getrocknete Tomaten in Öl | 150 g Crème fraîche | 1 EL Honig | 1 TL Speisestärke | 1 TL getrockneter Rosmarin | Pfeffer | Mehl zum Arbeiten

Zubereitungszeit: 50 Min. + 1 Std. Ruhezeit + 20 Min. Backzeit

Pro Stück ca. 190 kcal, 4 g E, 9 g F, 24 g KH

1 Für den Hefeteig 200 ml warmes Wasser, Hefe, Zucker, 2 TL Salz und Mehl in eine Rührschüssel geben und mit den Knethaken des Handrührgeräts ca. 3 Min. verkneten. Den Teig abgedeckt an einem warmen Ort ca. 40 Min. gehen lassen.

2 Für den Belag die Champignons abbürsten, putzen und vierteln. Tomaten abtropfen lassen, das Öl auffangen. Pilze und Tomaten fein hacken. Mit Crème fraîche, Honig, Stärke, Rosmarin und aufgefangenem Öl in einer Schüssel zu einer cremigen Masse verrühren. Die Creme mit Salz und Pfeffer abschmecken.

3 Ein Backblech mit Backpapier belegen. Den Teig auf der bemehlten Arbeitsfläche kurz durchkneten und zu einem ovalen Fladen (ca. 35 × 25 cm) ausrollen. Den Fladen auf das Blech legen und mit der Tomatencreme bestreichen. Nochmals ca. 20 Min. gehen lassen.

4 Inzwischen den Backofen auf 220° vorheizen. Die Focaccia im Ofen (unten) ca. 20 Min. backen. Herausnehmen und kurz abkühlen lassen. Dann in Stücke schneiden und servieren.

Pikanter NUSSKUCHEN vom Blech

FÜR 1 BACKBLECH (10 STÜCKE)

Für den Belag:
100 g mittelalter Gouda
200 g Erdnusskerne (gesalzen)
200 g Frühlingszwiebeln
1 EL Butter
75 g Crème fraîche
Pfeffer
Chilipulver

Für den Mürbeteig:
70 g kalte Butter
250 g Mehl
½ TL Backpulver
Salz
75 g Crème fraîche

Zubereitungszeit: 40 Min.
+ 28 Min. Backzeit
Pro Stück ca. 355 kcal,
11 g E, 26 g F, 21 g KH

1 Für den Belag den Gouda grob reiben. Die Erdnusskerne im Blitzhacker mittelfein hacken. Die Frühlingszwiebeln putzen, waschen und in feine Ringe schneiden.

2 Die Butter in einem Topf erhitzen und die Frühlingszwiebeln darin in ca. 5 Min. weich dünsten. Vom Herd nehmen. Erdnüsse und Crème fraîche unter die Frühlingsszwiebeln rühren und die Creme mit Pfeffer und Chilipulver abschmecken.

3 Den Backofen auf 200° vorheizen, ein Backblech mit Backpapier belegen. Für den Teig die Butter in Stücke schneiden. Mehl, Backpulver, 1 TL Salz, Butterstücke und Crème fraîche in eine Rührschüssel geben und mit den Knethaken des Handrührgeräts rasch verkneten. Den Teig auf der Arbeitsfläche mit den Händen zusammenkneten. Dann auf das Backblech legen und zu einem Rechteck (ca. 20 × 30 cm) ausrollen. Den Boden mit einer Gabel mehrmals einstechen und im Ofen (Mitte) ca. 12 Min. vorbacken. Herausnehmen und ca. 5 Min. abkühlen lassen.

4 Den Boden mit der Erdnusscreme bestreichen, mit dem Käse bestreuen. Wieder in den heißen Ofen (Mitte) schieben und in ca. 16 Min. fertig backen. Den Kuchen aus dem Ofen nehmen und auf einem Kuchengitter kurz abkühlen lassen. Dann in Stücke schneiden und warm oder kalt servieren.

Sauerkraut-TARTE mit Rosmarin

Klassisch wird's mit Kümmelsamen statt Rosmarin.

FÜR 1 TARTEFORM (26 CM Ø, 12 STÜCKE)

Für den Hefeteig:

21 g frische Hefe (½ Würfel)
250 g Weizenmehl (Type 550)
30 g weiche Butter | Salz

Für den Belag:

3 mittelgroße Zwiebeln
75 g durchwachsener Speck
400 g Sauerkraut (aus der Dose)
Salz
2 rotschalige Äpfel
30 g Walnusskerne
100 g saure Sahne
4 Eier (M) | Pfeffer
2 TL getrockneter Rosmarin

Außerdem:

Butter für die Form
Mehl zum Arbeiten

Zubereitungszeit: 45 Min.
+ 30 Min. Ruhezeit
+ 40 Min. Backzeit
Pro Stück ca. 190 kcal,
7 g E, 9 g F, 18 g KH

1 Für den Teig 100 ml warmes Wasser, Hefe, Mehl, Butter und 1 TL Salz in eine Rührschüssel geben und mit den Knethaken des Handrührgeräts ca. 5 Min. verkneten. Den Teig abgedeckt an einem warmen Ort ca. 30 Min. gehen lassen.

2 Inzwischen für den Belag die Zwiebeln schälen und in feine Streifen schneiden, den Speck in feine Würfel schneiden. Zwiebeln und Speck in einen Topf geben und bei mittlerer Hitze ca. 5 Min. dünsten. Das Sauerkraut direkt aus der Dose zufügen und mit 1 TL Salz würzen. Dann offen ca. 20 Min. kochen, dabei gelegentlich umrühren. Gegen Ende der Garzeit darauf achten, dass nichts anbrennt. Ist die ausgetretene Flüssigkeit schon vor Ende der Garzeit verdunstet, den Garprozess vorzeitig beenden.

3 Die Äpfel waschen, vierteln und das Kerngehäuse entfernen. Die Viertel in 1 cm große Würfel schneiden. Die Walnüsse grob hacken. Äpfel, Nüsse, saure Sahne, Eier, 2 Prisen Pfeffer und Rosmarin in eine Schüssel geben und verrühren.

4 Den Backofen auf 200° vorheizen, die Form mit Butter einfetten. Den Teig kurz durchkneten und auf der bemehlten Arbeitsfläche zu einem Kreis (ca. 32 cm ∅) ausrollen. Den Teig in die Form legen und etwas über den Formrand hochziehen. Das Sauerkraut auf dem Boden verteilen und die Apfelmischung darübergießen. Den überstehenden Teig nach innen klappen und die Tarte im Ofen (unten) ca. 40 Min. backen. Herausnehmen und heiß servieren.

NUSSBUCHTELN
mit Mozzarella

FÜR 1 AUFLAUFFORM (25 × 30 CM, 12 STÜCKE)

200 ml Milch | 21 g frische Hefe (1/2 Würfel) | 50 g gemahlene Haselnusskerne | 2 TL getrockneter Oregano | 100 g weiche Butter | 400 g Mehl | 2 Eigelb (M) | Salz | Pfeffer | frisch geriebene Muskatnuss | 3 Kugeln Mozzarella (à 125 g) | Butter für die Form | Mehl zum Arbeiten

Zubereitungszeit: 40 Min. + 1 Std. 5 Min. Ruhezeit + 40 Min. Backzeit

Pro Stück ca. 310 kcal, 11 g E, 18 g F, 27 g KH

1 Die Milch lauwarm erhitzen. Milch, Hefe, Nüsse, Oregano und Butter in eine Rührschüssel geben, verrühren und ca. 10 Min ruhen lassen. Dann Mehl, Eigelbe, 1 TL Salz, je 1 Prise Pfeffer und Muskatnuss zufügen und alles mit den Knethaken des Handrührgeräts ca. 3 Min. verkneten. Den Teig abgedeckt an einem warmen Ort ca. 40 Min. gehen lassen.

2 Den Mozzarella abtropfen lassen und in 12 gleich dicke Scheiben schneiden, die Form mit Butter einfetten. Den Teig auf der bemehlten Arbeitsfläche durchkneten, zu einer Rolle (ca. 8 cm ∅) formen und in 12 Scheiben schneiden. Je 1 Mozzarellascheibe auf die Scheiben legen. Den Teig darüber zusammenfassen und zu Kugeln formen. Diese nebeneinander in die Form setzen und ca. 15 Min. gehen lassen.

3 Inzwischen den Backofen auf 180° vorheizen. Die Buchteln im Ofen (Mitte) 35–40 Min. backen. Herausnehmen und heiß oder kalt servieren.

ZUCCHINI-
Muffins

FÜR 1 12ER-MUFFINFORM

40 g Gouda | 200 g Zucchini | 225 g Mehl | 2 TL Backpulver | 100 g Crème fraîche mit Kräutern | 40 ml Rapsöl | 2 Eier (M) | Salz | Pfeffer | 1 TL Currypulver | 2 EL getrockneter Rosmarin | 12 Muffin-Papierförmchen

Zubereitungszeit: 35 Min. + 25 Min. Backzeit

Pro Muffin ca. 155 kcal, 4 g E, 9 g F, 14 g KH

1 Den Backofen auf 180° vorheizen, die Papierförmchen in die Mulden der Muffinform setzen. Den Käse grob reiben. Die Zucchini waschen, putzen und grob raspeln. Zucchiniraspel, Mehl, Backpulver, Crème fraîche, Öl, Eier, 1 TL Salz, 1 Prise Pfeffer, Currypulver und Rosmarin in eine Rührschüssel geben und mit den Rührbesen des Handrührgeräts auf höchster Stufe zügig zu einem glatten Teig verrühren.

2 Den Teig in die Förmchen füllen und mit dem gehackten Käse bestreuen. Die Muffins im Ofen (Mitte) ca. 25 Min. backen. Herausnehmen, leicht abgekühlt aus der Form lösen und warm oder kalt servieren.

Gemüse-HACKFLEISCH-Taschen

FÜR 4 STÜCK

Für den Mürbeteig:
125 g kalte Butter
125 g kaltes Butterschmalz
500 g Weizenmehl (Type 550)
Salz
2 Eier (M)

Für die Füllung:
1 große Möhre
1 Zwiebel
200 g gemischtes Hackfleisch
100 g TK-Erbsen
Salz | Pfeffer
1 TL edelsüßes Paprikapulver
1 TL mittelscharfer Senf
1 Eigelb (M)

Zubereitungszeit: 50 Min.
+ 45 Min. Kühlzeit
+ 50 Min. Backzeit
Pro Stück ca. 1150 kcal,
30 g E, 73 g F, 92 g KH

1 Für den Teig Butter und Schmalz in Würfel schneiden. Die Würfel mit Mehl und 1 TL Salz in eine Rührschüssel geben und mit den Knethaken des Handrührgeräts ca. 1 Min. verkneten. Die Eier zufügen und alles rasch zu einem glatten Teig verkneten. Den Teig in 4 Portionen teilen und zu Kugeln formen. Die Kugeln in Frischhaltefolie wickeln und ca. 45 Min. in den Kühlschrank legen.

2 Für die Füllung die Möhre schälen und grob raspeln. Die Zwiebel schälen und fein würfeln. Möhre, Zwiebel, Hackfleisch, Erbsen, 1 TL Salz, 2 Prisen Pfeffer, Paprikapulver und Senf in eine Schüssel geben und mit der Hand zu einer geschmeidigen Masse verkneten.

3 Den Backofen auf 220° vorheizen, ein Backblech mit Backpapier belegen. Die Teigstücke jeweils zwischen zwei Bögen Backpapier zu ca. 4 mm dicken Kreisen ausrollen. Die Füllung mittig darauf verteilen. Das Eigelb verquirlen und die Teigränder damit bepinseln. Die Kreise zusammenklappen und den Rand mit den Zinken einer Gabel fest zusammendrücken. Die Taschen auf das Blech legen und mit einem Messer je vier Schlitze in die Oberseite schneiden.

4 Die Taschen im Ofen (Mitte) ca. 10 Min. backen. Die Ofentemperatur dann auf 180° herunterschalten und die Taschen in ca. 40 Min. goldbraun backen. Herausnehmen und heiß servieren.

KUCHENBÜFETTS
Für alle Gelegenheiten

Gut vorzubereiten

1

Limetten-Basilikum-Charlotte

+

Klassische Sachertorte

+

Schweizer Walnusstorte

Ohne Kühlmöglichkeit

2

Bienenstich mit Walnüssen

+

Mohnkuchen mit Streuseln

+

Gedeckter Obstkuchen

Zum Aus-der-Hand-Essen

3

Brownies vom Blech

+

Bananenkuchen mit Schokoguss

+

Mandelhörnchen mit Schokocreme

Leicht zu transportieren

4

Zuckerkuchen

\+

Haselnusszopf

\+

Quark-Gugelhupf

Kinderparty

5

Original Amerikaner

\+

Trendy Regenbogentorte

\+

Schoko-Pudding-Kuchen

Für den Brunch

6

Sonnenblumenkernbrötchen

\+

Zimtschnecken

\+

Pikanter Gugelhupf mit Speck und Walnüssen

REGISTER VON A–Z

Damit Sie Rezepte mit bestimmten Zutaten noch schneller finden, sind häufige Zutaten wie **Mohn** und **Schokolade** alphabetisch eingeordnet und hervorgehoben. Darunter finden Sie das Rezept Ihrer Wahl.

A

B

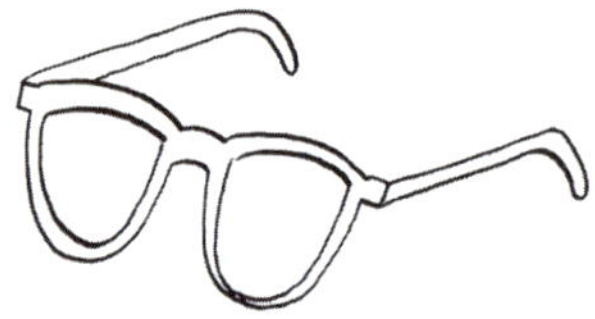

C

D

E

F

G

H

I/J

K

L

M

N

O

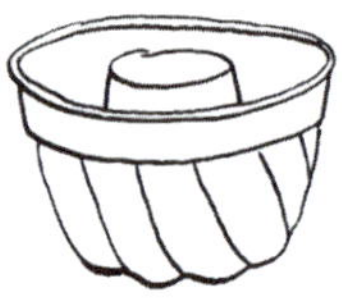

T

V

W/X

Z

APPETIT AUF MEHR?

ISBN 978-3-8338-6621-0

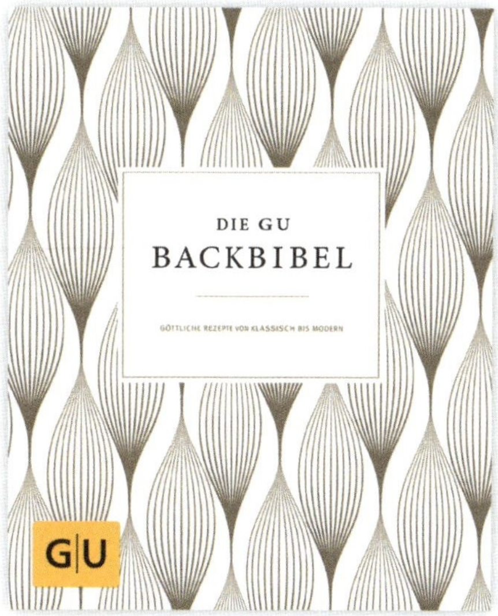

ISBN 978-3-8338-5719-5

ISBN 978-3-8338-2009-0

ISBN 978-3-8338-6762-0

ISBN 978-3-8338-5787-4

ISBN 978-3-8338-6624-1

e Auch als eBook erhältlich.

GU

Mehr von GU auf **www.gu.de** und **facebook.com/gu.verlag**

DIE AUTOREN

Martina Kittler ist Diplom-Ökotrophologin und erfahrene Kochbuchautorin, die es versteht, auch aufwendigere Rezepte einfach und verständlich zu erklären. Mit Christa Schmedes hat sie die Rezepte für Torten und festliches Gebäck entwickelt.

Cornelia Schinharl hat ihre Liebe zum Essen zum Beruf gemacht und gibt seit vielen Jahren ihren großen Erfahrungsschatz als Food-Journalistin und Kochbuchautorin weiter. Dafür hat sie schon zahlreiche Auszeichnungen bekommen. Von ihr stammen die Klassiker- und Alltagsrezepte.

Christa Schmedes arbeitet seit vielen Jahren als erfolgreiche Autorin für Zeitschriften und Kochbücher. Sie liebt es, neue Rezepte zu entwickeln und hat beeindruckende Torten und festliches Gebäck kreiert.

Nico Stanitzok ist diätetisch geschulter Koch und bäckt gerne als Ausgleich dazu. Für den GRÄFE UND UNZER Verlag hat er bereits mehrere erfolgreiche Koch- und Backbücher verfasst. Aus seiner Feder stammen die Rezepte für Blechkuchen und süße Teilchen sowie für Brot und pikantes Gebäck.

DIE FOTOGRAFIN

Barbara Bonisolli ist erfolgreiche Food-Fotografin, moderierte ihre eigene Garten- und Kochsendung im Fernsehen und verfasste bereits mehrere Kochbücher. Für dieses Buch verwandelte sie ihr Studio in eine riesige Backstube und mixte mit ihrem Team, was das Zeug hält. Zusammen mit **Zeynep Jansen** übernahm Barbara Bonisolli dabei auch das stimmungsvolle Foodstyling. Ein Dankeschön für die Unterstützung in allen Shooting-Lagen geht an **Alina Neumeier** und **Christin Büttner** (Assistenz).

Bildnachweis: Alle Fotos von Barbara Bonisolli; außer S. 6: Fotos mit Geschmack (Martina Kittler, Christa Schmedes), privat (Cornelia Schinharl), Klaus Schroff (Nico Stanitzok), S. 17, 53, 79, 107, 137, 177, 199: Getty Images.
Alle Illustrationen: Julia Hollweck.

Syndication: www.seasons.agency

Projektleitung: Verena Kordick
Lektorat: Petra Teetz
Korrektorat: Waltraud Schmidt
Innen- und Umschlaggestaltung: independent MedienDesign, Horst Moser, München
Illustrationen: Julia Hollweck
Herstellung: Susanne Fuhrmann
Satz: Longo AG, Herbert Steger, Bozen
Reproduktion: Longo AG, Bozen
Druck: aprinta druck, Wemding
Bindung: Conzella, Pfarrkirchen

ISBN 978-3-8338-7317-1

1. Auflage 2019

Umwelthinweis:
Dieses Buch ist auf PEFC-zertifiziertem Papier aus nachhaltiger Waldwirtschaft gedruckt.

Aktualisierte Neuausgabe des Titels »Mix & Fertig Backvergnügen«.

QUALITÄTS G|U GARANTIE

Liebe Leserin, lieber Leser,

haben wir Ihre Erwartungen erfüllt? Sind Sie mit diesem Buch zufrieden? Haben Sie weitere Fragen zu diesem Thema? Wir freuen uns auf Ihre Rückmeldung, auf Lob, Kritik und Anregungen, damit wir für Sie immer besser werden können.

GRÄFE UND UNZER Verlag
Leserservice
Postfach 86 03 13
81630 München
E-Mail:
leserservice@graefe-und-unzer.de

Telefon: 00800 / 72 37 33 33*
Telefax: 00800 / 50 12 05 44*
Mo–Do: 9.00 – 17.00 Uhr
Fr: 9.00 – 16.00 Uhr
(gebührenfrei in D, A, CH)*

Ihr GRÄFE UND UNZER Verlag
Der erste Ratgeberverlag – seit 1722.

Backofenhinweis:
Die Backzeiten können je nach Herd variieren. Die Temperaturangaben in unseren Rezepten beziehen sich auf das Backen im Elektroherd mit Ober- und Unterhitze und können bei Gasherden oder Backen mit Umluft abweichen. Details entnehmen Sie bitte Ihrer Gebrauchsanweisung.

Abkürzungsverzeichnis:
EL = Esslöffel
TL = Teelöffel
g = Gramm
kg = Kilogramm
cm = Zentimeter
cl = Zentiliter
l = Liter
ml = Milliliter
Pck. = Päckchen
Msp. = Messerspitze
E = Eiweiß
F = Fett
KH = Kohlenhydrate
kcal = Kilokalorien
Min. = Minuten
Sek. = Sekunden
Std. = Stunden
TK- = Tiefkühl-
Ø = Durchmesser